浔中镇志

LOCAL RECORDS OF XUNZHONG

福建省德化县浔中镇志编纂委员会　编

图书在版编目（CIP）数据

浔中镇志 / 福建省德化县浔中镇志编纂委员会编
.-- 北京：方志出版社，2018.11
（中国名镇志丛书）
ISBN 978-7-5144-3382-1

Ⅰ. ①浔…　Ⅱ. ①福…　Ⅲ. ①乡镇—地方志—德化县
Ⅳ. ① K295.75

中国版本图书馆 CIP 数据核字（2018）第 251145 号

·中国名镇志丛书·

浔中镇志

编　　者：福建省德化县浔中镇志编纂委员会
责任编辑：王海荣

出 版 人：冀祥德
出 版 者：方志出版社
地址　北京市朝阳区潘家园东里 9 号（国家方志馆 4 层）
邮编　100021
网址　http://www.fzph.org
发　　行：方志出版社图书经销中心
电话　（010）67110500
经　　销：各地新华书店
排　　版：北京纺印图文设计制作有限公司
印　　刷：北京中科印刷有限公司

开　　本：787 × 1092　1/16
印　　张：16.5
字　　数：329 千字
版　　次：2018 年 11 月第 1 版　2018 年 11 月第 1 次印刷

ISBN 978-7-5144-3382-1　定价：131.00 元

序一

习近平总书记指出："不忘历史才能开辟未来，善于继承才能善于创新……只有坚持从历史走向未来，从延续民族文化血脉中开拓前进，我们才能做好今天的事业。"中国优秀传统文化是在漫长的历史长河中历经无数次涤荡和沉淀而形成的思想精髓，蕴藏着无穷的宝藏和无尽的力量。发掘和继承优秀传统文化，是延续中华文明"根"与"魂"的必由之路。与时俱进，推动传统文化不断开拓创新，是中华文明常葆勃勃生机的重要保证。

"国有史，邑有志。"编修地方志是中国特有的文化现象，是中华民族的优秀文化传统。数千年来，连绵不断的志书编修为保护中华民族根脉，传承中华文明发挥了不可替代的作用。中国现存古志有 8000 余种，占现存古籍的十分之一。中华人民共和国成立以来，编修完成数万种省、市、县三级综合性行政区域志、部门志、行业志、专志等，编纂数万种地方综合年鉴、行业年鉴和专门年鉴等，整理出版数千种历代方志及相关研究成果，发表相当数量的方志理论与年鉴理论研究成果。这既是对我国国情、地情持续开展的大规模普遍调查，也是对各地自然与社会发展状况进行的综合研究，其成果构成了一座丰富的文化资源宝藏，为各级领导科学决策提供了重要参考，为推动经济社会发展和文化建设发挥了重要作用。

当前，中国特色社会主义进入新时代，全国地方志事业也进入新时代。如今的地方志事业围绕党和国家利益、经济社会发展，以人民为中心开拓创新，志、鉴、馆、史"四驾马车"并驾齐驱，志、鉴、馆、网、库、用、会、刊、研、史"十业并举"，加快实现在全国范围内全面推进地方志从一项工作向一项事业转型升级。在党中央、国务院的亲切关怀和各级地方志工作者的共同努力下，一批紧密结合社会发展需求、具有独特创造性的工作逐步开展，涵盖中国名镇志、中国名村志、中国名山志、中国名水志、中国名街志等"名志"系列文化工程是其中代表。作为首个"名志"系列文化工程的中国名镇志文化工程，启动于 2015 年，至今已是第三个年头。中国名镇志丛书在记述主体上，选择中国历史文化名镇、经济强镇、特色镇等在全国具有影响力和代表性的乡镇，旨在全面展示中国名镇的文化精髓；在内容题材选择上，重在突出不同名镇的“名”和“特”，力求集中体现不同名镇最精彩的部分，增强可读性；在志书编纂程序设置方面，志书申报、篇目设计、专家审读、专家组验收等流程环环相扣，紧密结合，力争把每一部志书都打造成精品佳志。

习近平总书记指出：“历史和现实都表明，一个抛弃了或者背叛了自己历史文化的民族，不仅不可能发展起来，而且很可能上演一场历史悲剧。”2018 年是改革开放 40 周年，40 年来中华大地发生了翻天覆地的变化，乡镇发生了极为深刻的改变，从粗茶淡饭到有机食品，从粗布衣裙到精美时装，从土屋平房到高楼大厦，人民生活水平大大提高，城乡差距不断缩小。然而，在感受辉煌成就的同时，我们也应该看到，许多精巧的古建、精湛的工艺、亲切的乡音、独特的乡俗也在快节奏的发展中与我们渐行渐远，曾经的家乡正逐渐变为记忆中的故园。

党的十九大报告提出乡村振兴战略，此后党中央、国务院又推出一系列重大举措。实施乡村振兴战略，必须全面加强乡村文化建设，培养乡村文化自信，培植文化之“根”，铸牢文化之“魂”。没有乡村文化的高度自信，没有乡村文化的繁荣发展，就难以实现乡村振兴的伟大使命。振兴乡村文化，既要塑形，更要铸魂，必须遵循乡村发展的客观规律，在发展中把文化的精髓保留下来，把乡土味道、乡村风貌的“魂”传承下去。在保留优秀乡村文化内核的基础上，用现代表现方式，把反映时代精神、先进理念的内容通过群众喜闻乐见的文化产品表达出来，才能够让乡土文化具有更强大的生命力。用创新性的模式书写乡镇志，传承和抢救乡土历史文化，激发爱国爱乡情怀，为探索中国特色新型城镇化发展经验、发展模式、发展道路提供历史智慧和现实借鉴，正是实施中国名镇志文化工程的目的和意义所在。

“月是故乡明”。中国人素有“家国情怀”，家乡的山水是最为美丽的，家乡的风俗是充满温暖的，一声亲切的乡音，一口熟悉的家乡菜，都能拨动游子的心弦，让其魂牵梦萦。中国名镇志丛书是一套全面梳理中国名镇历史人文，挖掘文化特色，突出“名”和“特”的镇志。它能让人民群众深刻感受到本土本乡自然的优美、历史的醇厚、人物的杰出、艺文的风雅等，有助于培养人民群众对家乡文化的自信，激发起人民群众浓烈的爱乡爱国情怀，助力国家新型城镇化建设和乡村振兴战略的实施。

是为序。

中国社会科学院院长
中国地方志指导小组组长　谢伏瞻

序二

连绵不断地编修地方志是我国特有的文化传统，为传承中华文明作出了巨大的贡献。在党中央、国务院的高度重视和支持下，这一古老的文化传统焕发勃勃生机，展现新的活力，成为保存、继承、发扬光大中华优秀传统文化的重要依托，培育和践行社会主义核心价值观的重要媒介，社会主义先进文化建设的重要组成部分，发展中国特色社会主义，增强道路自信、制度自信、理论自信的重要载体，在实现“两个一百年”奋斗目标和中华民族伟大复兴中国梦进程中具有不可替代的地位和作用。

事物总是在不断发展中前进。经过改革开放以来30余年的发展，中国特色地方志事业与传统的编修地方志已不可同日而语，形成了志（志书）、鉴（年鉴）、库（地情数据库）、馆（方志馆）、网（地情网站）、刊（期刊）、会（学会）、研（理论研究）、用（开发利用）等多业并举的新格局。截至2015年10月底，全国编纂完成首轮、二轮省、市、县志书8000多种，编修部门志、行业志、专业志、乡镇村志27000多种，编纂地方综合年鉴2300多种，累计整理旧志2500多种，还编纂出版了大量的地情书，字数以百亿计，形成以反映国情、地情为主要内容，全面系统、持续不断、卷帙浩繁的社会科学成果群。另外，还开通了27个省级网站、230个市级网站、816个县级网站；建成国家方志馆1个、省级方志馆16个、市级方志馆86个、县级方志馆近300个。这些成果，成为国家极为重要的文化资源，是国家文化软实力和公共文化服务体系的重要组成部分。

最近几年，地方志工作的触角在不断延伸，部门志、行业志、专业志、特色志、乡镇村志编纂方兴未艾，成为当前地方志事业发展新的增长点和亮点。特别是乡镇志，兴起了编纂热潮，从自发的民间行为逐渐过渡为政府组织的文化行为，有的省份以政府令形式将其纳入地方志编修范畴，像河南省还以省政府办公厅名义要求全省普修乡镇志。乡镇志并不是一个新生事物，据现有资料可考，宋代常棠所撰《澉水志》是现存最早的一部乡镇志。与省、市、县三级志书相比，乡镇志虽属小志，但意义却不小，特别是在当前国家全力推进新型城镇化建设的背景下，乡镇志的作用更显重要。

启动中国名镇志文化工程，是适应当前新型城镇化建设形势发展需要、地方志事业发展形势需要的重要举措，也是充分发挥地方志存史、资政、育人功能的重要手段。作为最基层行政组织的志书，镇志是最接近中国社会发展变迁的国情、地情记录文本，具有重要的历史文献价值。而作为充分反映本区域自然、政治、经济、文化和社会的历史与现状的资料性文献，镇志又能全面展示发展脉络，摸索发展经验，为探索中国乡镇未来发展方向提供借鉴和参考。当然，对于祖祖辈辈生于斯长于斯的中国人来说，故乡就是一个魂牵梦萦的地方，故乡的情怀终生难忘。留得住乡愁，记得住乡思，充分展示名镇文化魅力，激发爱乡、爱国情怀，正是中国名镇志文化工程题中应有之义。

是为序。

中国社会科学院原院长
中国地方志指导小组原组长 王伟光

序三

“国有史，邑有志”，中国自古就有注重编史修志的传统。按照我国目前地方志行政法规，国家各级地方志机构的法定职责是编纂省、市、县三级志书，并不包括县以下的乡镇志和村志。这种规定，一方面可能因为全国有数百万自然村落和数万乡镇，全部实行官修很难实现；另一方面可能因为我国历史上就有“皇权止于县”的说法，县以下的民间社会历来是一个以自治为主的领域。然而，改革开放几十年来，我国社会正在发生巨变，这种巨变在基层社会的乡镇、村落、家庭领域更为深刻。作为“乡之首，城之尾”的镇，逐渐被日益崛起的大都市淹没了光彩，村落在快速的城镇化过程中每天都在大量消失，农村家庭的小型化、空巢化趋势非常突出。在这种情况下，我一直在思考，如何留得住历史文化记忆和乡愁，如何把修志的工作向基层社会延伸？

中国人的“家国情怀”，是从“诚意、正心、修身”开始，到实现“齐家、治国、平天下”。所以从国家一统志，省、市、县三级志，到乡镇志、村志、家谱，也是一个完整的系统。

正是在这种背景下，我们决定启动中国名镇志文化工程。乡镇是无数中国人生命的底色和成长的摇篮。如何在城镇化进程中，留得住乡愁，记得住乡音，忘不了乡思，事关城镇化进程的人文关怀和文化保护，事关文化血脉的传承。同时，科学记录城镇化进程，反映城镇化成就，也为今后探索城镇化发展规律、积累经验提供了基本素材。作为全面系统记述一定行政区域的自然、政治、经济、文化和社会的资料性文献，志书是以上功能最好的载体。

我国目前有 4 万多个乡镇，全部修乡镇志还不具备条件。中国名镇志丛书选择的是传统文化名镇、历史军事重镇、革命历史名镇、民族特色名镇、特色经济名镇、旅游景观名镇等类型的乡镇，应该是最具代表性的，在中国乡镇文化传承和社会发展中具有标杆意义。

编纂中国名镇志丛书是对乡土历史文化的保护。随着城镇化进程加快，有不少乡镇被撤并，有些还是在历史上有重要意义的历史文化名镇、特色镇等。如不及时对其历史进行整理、记录，这些重要的历史资料将散佚殆尽。因此，中国名镇志丛书的编纂是对宝贵历史资料的抢救。

编纂中国名镇志丛书是对乡土意识的传承。什么东西有魅力？故乡的山水，乡音乡情的记忆，乡土的气息和家乡菜的味道，不管走到哪里，总是触动心弦。中国名镇志丛书记录的是家乡的山山水水，家乡的历史文化，家乡的风土人情，留住的是乡愁。这些最能激发远方游子和本地民众的爱乡情怀、爱国情怀。

编纂中国名镇志丛书是一种学术探索。镇志的编纂，实质也是一次深入的社会调查研究。“麻雀虽小五脏俱全”，相比省、市、县，乡镇第一手资料的获得需要付出更大的努力。我们也希望在志书编纂上有所创新，使中国名镇志丛书成为一套图文并茂、雅俗共赏的新型志书。

中国社会科学院副院长
中国地方志指导小组常务副组长

中国名镇志文化工程专家委员会

中国名镇志文化工程学术委员会

《中国名镇志丛书·浔中镇志》编纂委员会

顾　　问　李金鼠　苏锡培
主　　任　黄世兴
常务副主任　周益国　涂德望
副 主 任　徐陆平　林义宽　赖育朕
编纂指导　王世言　许琼蓉　林淑玲
委　　员　陈建军　陈素华　叶长占　郑惠顺　陈为富
徐福前　黄宗固　周金燧　林贵杨　涂瑞萍
陈孝模　林华实　林进和　陈文渊　张其国
李添发　陈立峰　苏沂尧　郭庆宏　裴承祖
陈友福　赖元龙　刘玉精　苏辉杏　陈能璧
林朝昱

《中国名镇志丛书·浔中镇志》编辑室

主　　编　周益国　涂德望
副 主 编　李添发　陈能璧
执行主编　许永汀
执行副主编　林淑玲
编　　辑　林传白　陈文艮
摄　　影　张奎如　陈能与　郑步云　王世言　张九强等

《中国名镇志丛书 · 浔中镇志》审稿单位

福建省地方志编纂委员会 陈秋平 俞 杰 林 浩

吕秋心 曹 斌 孙洁斐

泉州市地方志编纂委员会 张惠评 林龙海 陈雪娥

德化县地方志编纂委员会办公室 王世言 许琼蓉 林淑玲

中国名镇志丛书凡例

一、以马克思列宁主义、毛泽东思想、邓小平理论、“三个代表”重要思想、科学发展观、习近平新时代中国特色社会主义思想为指导，坚持辩证唯物主义和历史唯物主义的立场、观点和方法，存真求实，全面、客观、系统记述中国名镇城镇化进程和改革开放成果，传承和抢救乡土历史文化，激发爱国爱乡情怀，留住乡愁，为探索中国特色新型城镇化建设、服务乡村振兴战略提供历史智慧和现实借鉴。

二、为全面反映入志事物发展脉络，各志上限追溯至事物发端，下限一般断至各镇志启动编修年份，个别重大事项可延至搁笔。详今明古，着重反映时代特色和地方特点，重点体现各镇的“名”与“特”。

三、记述地域范围以下限年份的行政辖区为主。为体现名镇在更大区域内的意义，可以从更开阔的区域视野记述与该镇相关的内容。

四、统一采用纲目体，设类目、分目、条目三个层次。横排门类，纵述史实，述而不论。

五、综合运用述、记、志、传、图、表、录等各种体裁，以志体为主。体裁运用适当创新，篇目设置不求面面俱到，一般意义上的乡镇级内容略去不载。

六、除引用文字和附录文献资料外，统一使用规范的现代语体文记述，行文力求朴实、严谨、简洁、流畅、优美，具有较强可读性。

七、人物部类遵循“生不立传”原则，人物传主按生年排序，只选录对本镇发展有重大影响的人物，不面面俱到。

八、各项数据一般采用国家统计部门数据。数据缺乏的，采用主管部门或主办单位正式提供的数据。

九、数字用法、标点符号、计量单位分别执行国家标准《出版物上数字用法》（GB/T 15835—2011）、《标点符号用法》（GB/T 15834—2011）、《国际单位制及其应用》（GB 3100—1993）和《有关量、单位、符号的一般原则》（GB 3101—1993）。历史上使用的计量单位，如斗、石、里、尺、磅、华氏度等，在引文时可照录。考虑到社会使用习惯，全书中亩不统一换算。

十、中华民国成立前的纪年，使用朝代年号纪年，括注公元年份；中华民国成立后的纪年，均使用公元纪年。志中所称“解放前（后）”，以该镇解放日为界；“新中国成立前（后）”，以中华人民共和国成立日 1949 年 10 月 1 日为界；“改革开放前（后）”，以 1978 年 12 月中共十一届三中全会召开为界。本志“××年代”，凡未加世纪者，均指 20 世纪。

十一、为节省篇幅，避免重复，本志采用条目互见法。参见条目的表示形式为：参见本志“××类目·××分目·××条目”。

十二、对旧志、古籍中的繁体字、冷僻字一般用简化字或通用字替换，易引起误解的则保留。

十三、记述各个历史时期的党派、机构、职务、地名等，均以当时的名称为准。对频繁使用的名称，首次用全称并括注简称，其后用简称。

十四、各镇志需要单独说明的事项，均在各自编纂始末中记述。

浔中镇在中国的位置

黑龙江省
哈尔滨
吉林省
长春
辽宁省
沈阳
内蒙古自治区
呼和浩特
新疆维吾尔自治区
乌鲁木齐
北京市
北京
天津市
天津
河北省
石家庄
山西省
太原
山东省
济南
甘肃省
兰州
宁夏回族自治区
银川
青海省
西宁
陕西省
西安
河南省
郑州
江苏省
南京
安徽省
合肥
上海市
上海
西藏自治区
拉萨
四川省
成都
重庆市
重庆
湖北省
武汉
浙江省
杭州
江西省
南昌
湖南省
长沙
福建省
福州
德化
浔中镇
贵州省
贵阳
云南省
昆明
广西壮族自治区
南宁
广东省
广州
香港
澳门
台湾省
台北
台湾岛
钓鱼岛
赤尾屿
海南省
海口
海南岛
东沙群岛
西沙群岛
永兴岛
中沙群岛
黄岩岛
南沙群岛
曾母暗沙
渤海
黄海
东海
南海
黄河
长江
图例
北京 首都
天津 省级行政中心
未定 国界
省、自治区、直辖市界
特别行政区界
名镇(乡)所在区域
名镇(乡)
1：32 000 000
审图号：GS（2018）5807号

浮中镇在福建省的位置

浦城
黄岗山
2160.8
武夷山
光泽
松溪
寿宁
福鼎
柘荣
邵武
南平市
南平
政和
笔架山
1162
建瓯
仁山
1822
周宁
福安
宁德市
霞浦
台山列岛
大嵛山
建宁
泰宁
顺昌
屏南
白石顶
1857
将乐
延平区
古田
古田水库
宁德
三都岛
四礵列岛
罗源
水口水库
沙县
宁化
明溪
清流
三明
尤溪
白岩山
1442
闽清
闽侯
连江
马祖列岛
福州
马尾区
长乐区
闽江口
东
安砂水库
三明市
福州市
永安
永泰
长汀
紫云洞山
1647
连城
大田
戴云山
1856
福清
德化
浮中镇
莆田市
涵江区
平潭
海坛岛
龙岩市
仙游
莆田
永春
漳平
秀屿区
海
泉州市
南日岛
南日群岛
泉港区
武平
上杭
龙岩
苦笋林尖
1666
华安
安溪
惠安
洛江区
南安
泉州
棉花滩水库
永定区
同安区
晋江
石狮市
厦门市
长泰
海沧区
集美区
翔安区
漳州
南靖
龙海
厦门
金门
金门岛
平和
漳州市
漳浦
云霄
东山
诏安
东山岛
图例
福州 省级行政中心
泉州 地级行政中心
古田 县级行政中心
省级界
地级界
名镇(乡)所在区域
名镇(乡)
1：3 060 000
审图号：GS（2018）5807号

浔中镇地图

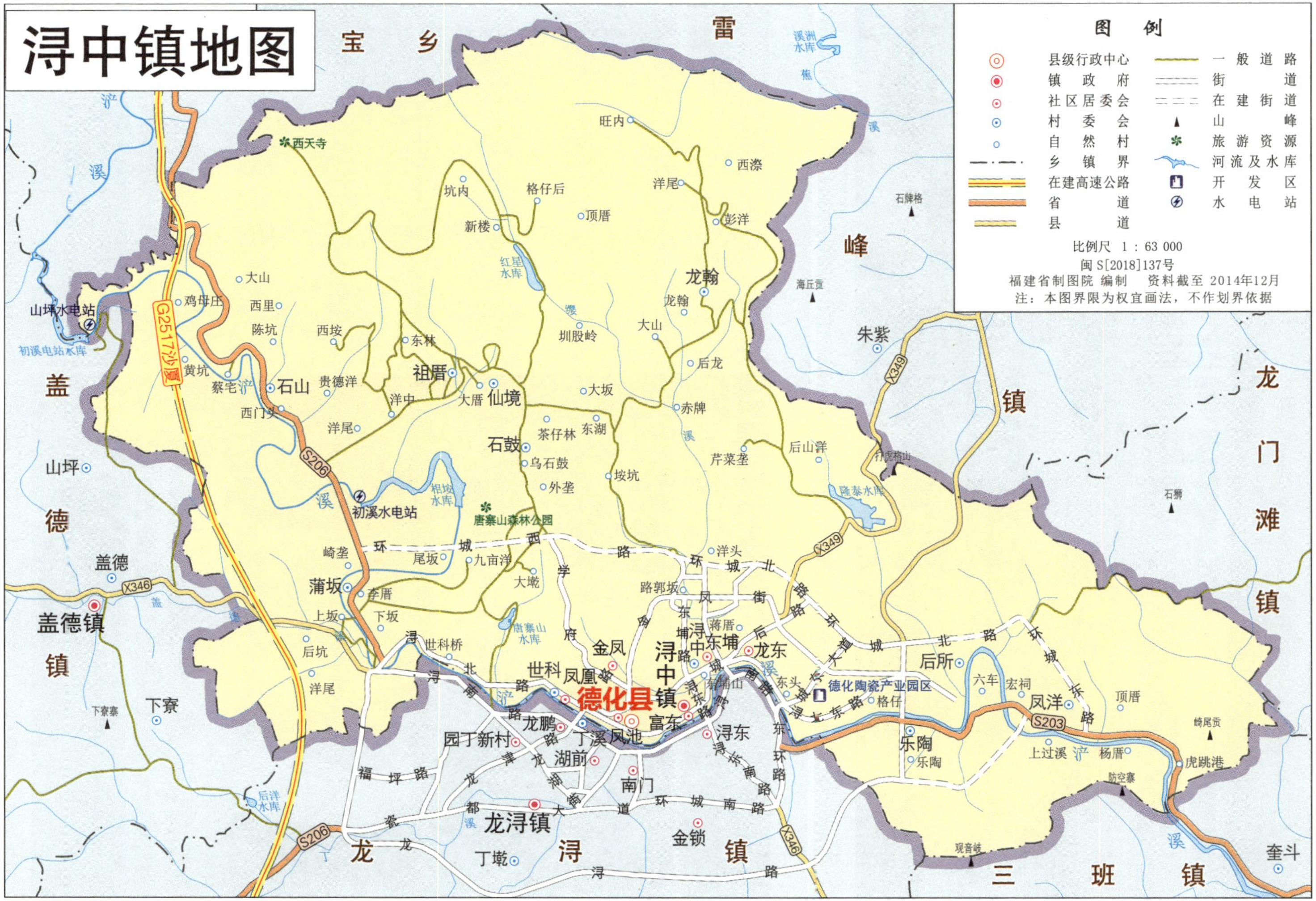

图例
县级行政中心
镇政府
社区居委会
村委会
自然村
乡镇界
在建高速公路
省道
县道
一般道路
街道
在建街道
山峰
旅游资源
河流及水库
开发区
水电站
比例尺 1 : 63 000
闽 S[2018]137号
福建省制图院 编制 资料截至 2014年12月
注：本图界限为权宜画法，不作划界依据
宝乡
雷峰镇
龙门滩镇
三班镇
龙浔镇
盖德镇
德化县
浔中镇
G2517沙厦
S206
S203
X346
X349
西天寺
唐寨山森林公园
初溪水电站
山坪水电站
初溪电站水库
德化陶瓷产业园区
红星水库
相坡水库
隆泰水库
唐寨山水库
溪洲水库
后洋水库
旺内
西漈
洋尾
彭洋
坑内
格仔后
顶厝
新楼
龙翰
大山
圳股岭
东林
祖厝
仙境
大厝
石鼓
茶仔林
东湖
乌石鼓
外垄
大坂
后龙
赤牌
芹菜垄
后山洋
垵坑
石山
贵德洋
洋中
西垵
陈坑
西里
鸡母庄
黄坑
蔡宅
西门头
崎垄
蒲坂
李厝
上坂
下坂
后坑
世科桥
尾坂
九亩洋
大墘
洋头
路郭坂
金凤
世科
凤凰
蒋厝
东埔
龙东
富东
浔东
东头
格仔
后所
六车
宏祠
凤洋
乐陶
上过溪
杨厝
虎跳港
园丁新村
龙鹏
丁溪
凤池
湖前
南门
金锁
丁墘
朱紫
山坪
盖德
下寮
奎斗
石牌格
海丘贡
石狮
崎尾贡
防空寨
观音岐
下寮寨
环城西路
环城北路
环城东路
环城南路
浔北路
浔中路
浔东南路
龙浔路
龙津路
福坪路
瓷都大道

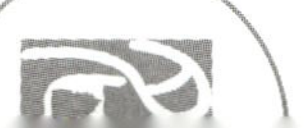

浔中镇远眺

《披坐观音》瓷雕

《披坐观音》邮票

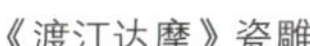

《渡江达摩》瓷雕

《渡江达摩》邮票

《如意弥勒》

《贵妃醉酒》

《天鹅湖》

德化陶瓷职业技术学院举办“2012 年泉州陶瓷文化生态旅游节”

2012 年泉州陶瓷文化生态旅游节日用陶瓷馆展示

全国文明村镇

中央精神文明建设指导委员会
2015 年 2 月

全国文明村镇牌匾

全国重点镇

住建部、国家发改委、民政部、
国土资源部、农业部、科技部
2014年8月

全国重点镇牌匾

屈斗宫

屈斗宫古窑址

目录

千年古镇　瓷都明珠

“闽中屋脊”戴云山脉，群峰高耸，横亘延绵。一座座山峰蜿蜒起伏，或像腾飞的长龙，或像翱翔的凤凰，在福建中部构成一幅龙腾凤舞的画卷。位于戴云山麓的德化县城，从戴云山脉主峰延绵而至的龙浔山和凤凰山在这里相会，创造着享有“天下共宝之”的“东方艺术珍品”，演绎出一部“瓷都”的辉煌历史。

浔中镇位于德化县城关北部，环境美，瓷更美。1000 多年来，在这里繁衍生息的华夏儿女，以瓷为伴，在土与火的交融中，创造了别具一格的东方艺术。在中国三大古瓷都之一，及后来荣获“中国瓷都”“世界陶瓷之都”的德化，浔中像一颗璀璨的明珠，熠熠生辉。

一

浔中镇地处福建省戴云山南麓丘陵地带，北纬 25°26'~25°34'，东经 118°11'~118°18'，土地总面积 67.73 平方千米，海拔 460 ~ 850 米，地势从西北向东南倾斜。浐溪自西北向东南环绕而过，与彩溪、龙翰溪、缨溪等小溪流共同守护着一方青山绿水、宜居宜业的宝地。

唐宋至明清时期，德化县城区内设上市、下市，面积仅 0.5 平方千米。民国时期设东关市、西关市和南关市，即后来的富东街、西门街和三角街，面积约 1 平方千米。浔中既是德化县城区的重要组成部分，又使城郊的农村与城区相连，区位得天独厚，历来是德化县物流集散地之一。

中华人民共和国成立后，德化县城区范围逐渐扩大，行政区划屡有变更，浔中村民和街道居民穿插居住，和谐相处，共同发展。

1992 年，浔中镇发挥“近水楼台”的区位优势，实施县委、县政府“大城关”发展战略，加快推进统筹城乡一体化建设进程，建设东至乐陶、后所，北至凤凰山，西至土坂，南至龙浔镇交界处，涉及凤池、富东两个社区和浔中、乐陶、后所、世科、蒲坂等村。至 2014 年，浔中镇区建成东埔一期片区，百德·畔山 1 号、群盛·翰林府邸、举贤大厦等高档住宅小区及瓷国明珠酒店等一批标志性高楼拔地而起，鳞次栉比；修建唐寨山、驾云亭、凤池等一批公园，是民众休闲娱乐、登高览胜的好去处。错落有致的高楼大厦、纵横交错的交通设施、风景如画的休闲场所，将“中国瓷都”德化点缀得更加绚丽多彩。

二

德化有“中国瓷都”之誉，浔中有“瓷乡”之荣。从唐宋至明清，浔中都是德化陶瓷的主要产地，在全县已发现的238处古窑址中，有36处在浔中，德化及浔中生产的瓷器质坚胎薄，釉色莹润，透明度强，产品大量销往东南亚、中东和欧洲地区。白瓷的烧制和艺术瓷雕曾创造了一个辉煌的历史，尤其是以“瓷圣”何朝宗为代表制作的瓷雕，更是闻名海内外的艺术珍品。民国时期，浔中镇陶瓷业进入低谷，但浔中瓷艺大师创作的瓷梅花，仍在国际博览会上一展风采，夺得金奖。中华人民共和国成立后，浔中镇陶瓷业逐渐恢复，并迈开新的步伐，但发展缓慢。20世纪80年代后，国家实行改革开放政策，陶瓷业迎来新的发展机遇。浔中镇党委、政府抓住机遇，加快工业化进程，先后建成城后、诗墩、城东、世科、蒲坂等陶瓷工业园区，推进陶瓷企业上规模、上档次，向高效益、高品质发展，创造了新的辉煌。1996年，全镇工农业产值8.06亿元，占全县总产值的35.34%。

1997年，德化县城关两镇行政区域调整，宝美、丁墘、丁溪、英山、高阳、大坂等6个村及其陶瓷生产大户划归龙浔镇辖区后，浔中镇陶瓷产业面临新的调整。镇党委、政府按照“提升工业化、推进城镇化、加速基地化”经济发展战略，采取调整产业结构，扩大生产规模，打造名牌产品，提升产品竞争力和市场占有率等措施，不断把陶瓷产业推上新的发展水平。2004年，全镇工农业总产值17.63亿元，其中陶瓷产值14.72亿元、占83.5%，有规模出口创汇陶瓷企业52家，总产值10.5亿元。同年，国家统计局向社会发布综合信息，德化县浔中镇入选“2004年全国千强镇”，位居第721位。

2006年12月，冠福现代家用股份有限公司“冠福”股票在深圳交易所上市，其股票为全国日用瓷第一股，该公司成为泉州市第一家陶瓷业上市企业。2007年，全镇工农业总产值 22.25 亿元，财政收入 7285 万元，人均纯收入 6570 元；企业总产值 27.70 亿元，其中陶瓷产值 21.2 亿、占全县陶瓷总产值的 36.05%，出口交货值 4981 万美元、占全县出口交货总值的 33%。其中“冠福”公司纳税 4064 万元，居全县首位，成为德化县日用陶瓷的龙头企业，“冠福”先后荣获“中国名牌产品”“中国驰名商标”称号；龙鹏集团公司的“龙鹏”荣获“福建省著名商标”“福建省名牌产品”称号；德化第五瓷厂研制的“德化玉瓷”“自生釉骨瓷”等新瓷种，填补德化陶瓷行业产品空白，为陶瓷业的发展注入新的活力。在陶瓷业的带动下，商贸、物流等行业也迅速发展，全镇经济呈现又好又快、可持续发展的态势。同年，浔中镇再次入选“2007 年全国千强镇”，位置上升为第 474 位。

三

浔中镇钟灵毓秀，人杰地灵。据已查到的史料记载，宋至明清时期，有进士 13 人、举人 58 人，八品及以上职官 307 人，其中有清雍正丁未科殿试一甲榜眼邓启元；有为维护国家统一立下功劳，升任江西南康、云南开化知府的李道泰；有任湖北郧西县知县，还应邀编修《德化县志》《台湾县志》的王必昌；有“敕授文林郎钦点五品衔”，归隐后关心教育，闭门著书，编纂《德化县志》《大田县志》的举人王光张；有淡泊名利、颇有文才的进士曾西元；有精医术、善正骨的医生陈祖德等。瓷坛艺术人才，闻名遐迩，驰名中外，除了“瓷圣”何朝宗的瓷雕作品享誉世界外，其胞弟何朝春的作品也被欧美的许多收藏家珍藏；曾茂笃、曾达衢制作的陶瓷产品大量销往海外，获利丰厚，被称“曾百万”。苏学金、许有义瓷艺大师们的《慈航普渡》《一苇渡江》等艺术精品，沿着“海上丝绸之路”，给世界各国人民送去东方的美丽和吉祥。

中华人民共和国成立后，著名历史学家蔡尚思，古陶瓷研究专家徐本章等无数人物在不同岗位为祖国建设做出贡献，特别是在陶瓷业，更是人才济济。中国工艺美术大师许兴泰，其瓷塑作品注重传神，把外观的形象和内在的气质融为一体，以形传神，极为生动，与胞弟许兴泽合作，大胆探索，攻克大型瓷塑造型、原料配方、烧成工艺三道难关，研制成功大型瓷塑，其中《立龙观音》（175 厘米）被中国工艺美术馆珍藏，代表作品有《坐莲十八手观音》《鲤鱼朝观音》《大弥勒佛》《仙女散花》等。中国陶瓷艺术大师苏清河，其创作的开片釉芭蕉花瓶、天目釉寄艳花瓶获全国陶瓷行业评比一等奖；于 1986 年创办福建省首家民营科技研究所，潜心于陶瓷原料配方、造型设计、烧成技术、加工生产与新材料开发、新产品试制等制瓷技术的研究，科研项目“莹玉红”新瓷种、高瓷质节能稀土陶瓷系列获省科技进步奖，其作品《坐岩戏珠弥勒》《善财》《龙女拜观音》获中国工艺美术大师精品金奖；被文化部评为国家级非物质文化遗产传承人。中国陶瓷艺术大师邱双炯，对弥勒造像情有独钟，创作了数量众多的弥勒造型，其代表作为“十态弥勒”，被誉为中国瓷塑“弥勒王”；在继承传统工艺的基础上，首创“陶瓷薄胎彩塑”新工艺，如《贵妃醉酒》《贵妃出浴》等作品，独具魅力、栩栩如生；“水溶性陶瓷彩饰颜料”应用在传统陶瓷雕塑上，使作品更显典雅和古朴，代表作有《十八罗汉》等；对烧制陶瓷的能源改革具有远见卓识和果敢坚毅的精神意志，推广以电代柴烧制陶瓷，被文化部评为国家级非物质文化遗产传承人。福建省工艺美术大师、中国陶瓷艺术大师柯宏荣，作品多次参加国内外展览并获奖，作品《三月三》《九歌·山鬼》被中国工艺美术馆收藏，《长相依》《苏武牧羊》被中国历史博物馆收藏，享受国务院政府特殊津贴。

立足现实，浔中镇经济社会各项事业硕果累累，先后获“福建省卫生镇”“全国重点镇”称号；着眼未来，浔中镇人民不忘初心、勇于担当，为实现更加美好的明天砥砺前行。

基本镇情

德化是中国三大古瓷都之一，浔中是德化政治、经济、文化中心，有“瓷乡”之誉。千百年来，浔中人民除了从事农业生产，维持基本生活之外，就是制瓷。唐代，始制青瓷。宋元时期，陶瓷产品成为“海上丝绸之路”的主要商品之一。明清时期，“德化窑”烧瓷质量上乘，陶瓷从业人员上万人，创造了一个时期的辉煌。以“瓷圣”何朝宗为代表的瓷雕作品，被称为“东方艺术珍品”“国际瓷坛的明珠”，因此，浔中镇被称为“‘瓷圣’故里”。

中华人民共和国成立后，浔中镇充分发挥交通便捷、人才资源较丰富等优势，经济社会发展进入快车道，尤其是国家实施改革开放以后，浔中镇调整、优化产业结构，引进、开发新技术、新产品，加快城镇化建设步伐，经济建设一年上一个台阶，社会事业全面进步，进入全国千强镇行列。

建置沿革

唐至清时期 唐贞元年间（785—805），析永福（今永泰）县归义乡置归德场。浔中镇隶属归德场，场治所在龙浔山西南、浐溪之北。

后唐长兴四年（933），闽王王延钧令升归德场为德化县，场治所升为县署，辖归德（今浔中）、永宁、集贤3个乡。浔中属归德乡惠民里。北宋太平兴国三年（978）在德化城关设龙浔驿，浔中归龙浔驿。

宋代，浔中隶属归德乡灵化里，其中科荣一带属集贤乡新化里。

明洪武十四年（1381），浔中属归德乡（今浔中、龙浔地区）灵化里。永乐十年（1412），灵化里并入坊堣，浔中归属坊堣。

清顺治三年（1646），县以下的区域改为里、社，浔中属在坊里，其中城外上市、大卿为高卿社；城外下市、瑶台为瑶市社；科荣属新化里。咸丰年间（1851—1861），割大卿城内的上市、瑶市、下市为城内社。德化县设八里，下辖四十八社，浔中隶属在坊里，其中科荣属新化里。

中华民国时期 1912—1933年，德化地方政局动荡，地方军阀割据，政令不畅，且县长变动频繁，未暇施政，县以下各级未建立政权组织。1933年设区建置，浔中为第一区浔中乡。1934年，民国政府推行保甲制度，全县建立4个区，浔中为第一区，区公所驻浔中，浔中设镇建置。1941年，原15个乡镇缩为12个乡镇。浔中镇辖霄塔、塔雁、云亭、凤池、宝美、诗墩、乐陶、凤洋、鹏湖、丁墘、秀霞、墨苑、英山等13个保。1943年，全县改编为12个乡镇，浔中设镇（驻兴南街），辖浔中、宝美、诗墩、乐陶、凤洋、鹏湖、丁墘、英山、有济、隆泰、凤池、霄塔、云亭、塔雁、墨苑、秀霞、科荣、墨石等18个保。

中华人民共和国成立后 1949年11月24日，德化解放，建立县人民政府。至

1950年3月，全县设5个区，辖12个乡镇，仍保留保甲制度。浔中镇属第一区，辖凤池、云亭、塔雁、霄塔、诗墩、宝美、秀霞、丁墘、鹏湖、墨苑、英山、乐陶、凤洋等13个保。

1950年6月，废除保甲制度，建立乡人民政权。第一区公所（驻浔中）辖1个镇2个乡。浔中镇辖凤池、云亭、塔雁、霄塔、诗墩、宝美6个村。12月，并村设乡，全县设5个区、1个镇、27个乡。浔中镇属第一区，辖区不变。

1952年8月，第一区析分为第一、第八2个区，全县增设为9个区1个镇和69个乡。浔中镇仍属第一区，辖区不变。

1955年，第一区更名为浔中区。同年12月，德化县把9个区拼为6个区，撤销第八区拼入浔中区。浔中区辖浔中镇和丁溪、英山、隆泰、奎斗、三班、高蔡、锦桥、秀湖、泗东、锦湖、蔡能、格头、仙荣、大平、泗荣、凤山、林地、驷蒲、盖德、石山、龙翰、岐山、厚德、福阳、三福等25个乡。

1956年8月至1958年3月，第二次普选全县由6个区129个乡，拼为5个区74个乡镇。浔中区辖浔中镇和丁溪、英山、隆泰、三班、锦桥、高蔡、林地、大平、仙荣、格头、三福、泗荣、驷蒲等13个乡。

1958年4月，全县又再设为8个区31个乡镇。浔中区把原辖的乡镇拼成4个乡镇，即浔中镇和盖德乡、三班乡、仙荣乡。10月，撤区成立人民公社，德化县把8个区更名为8个人民公社，设124个大队。浔中人民公社辖浔中、隆泰、高蔡、丁溪、丁墘、土坂、英山、三班、奎斗、桥内、岭坑、锦山、石山、世安、格头、后格、岐山、岐明、林地、泗荣、有济、三福、福阳、大乾、龙屈、蔡径、上地、凤山、盖德、龙翰、仙荣、大坂等32个大队。

1960年，霞碧拼入浔中公社，浔中公社辖隆泰、英山、三班、锦山、格头、林地、凤山、有济、霞碧、碧坑、霞山、丁溪、高蔡、奎联、龙翰、盖德、三福、泗荣、仙荣、苏洋、朱地、大溪、丁墘、蔡龙、桥内、石山等26个大队，浔中大队并入农场。

1961年1月，霞碧又从浔中公社划出，重新成立公社。同年6月，浔中公社析为浔中、三班、盖德3个公社。浔中公社辖浔中、隆泰、高蔡、英山、丁溪、丁墘、大坂、世安、龙翰、仙境、石鼓、祖厝、石山、蒲坂等14个大队。

1963年5月，浔中公社辖内的浔中大队析出，成立浔中镇管委会，城关居民划归其管理，浔中公社部分大队农民居住点与浔中镇管委会居民穿插居住，无明显地域界线。

原居民大队中的农业户口，仍归浔中大队，其他大队不变。

1968 年 8 月，成立浔中人民公社革命委员会。1978 年，更名为浔中人民公社管理委员会。1984 年 9 月，政社分开，公社改为乡，大队改为村民委员会，生产小队改为村民小组。

1985 年 5 月 25 日，浔中村溪南地带析出，建立宝美村，溪北地带仍为浔中村。浔中乡辖浔中、宝美、隆泰、高阳、英山、丁墘、大坂、丁溪、世科、龙翰、石鼓、石山、蒲坂、祖厝、仙境等 15 个村。

1991 年 12 月，浔中乡更名为浔中镇，辖区不变。

1997 年 7 月 1 日，浔中镇与龙浔镇行政区域调整，以浐溪为界，溪北，原属龙浔镇辖区的凤池、富东 2 个居民委员会划归浔中镇。溪南，原属浔中镇的宝美、高阳、丁溪、丁墘、英山、大坂等 6 个村划归龙浔镇。浔中镇辖浔中、隆泰、龙翰、仙境、石鼓、祖厝、石山、世科、蒲坂等 9 个行政村和凤池、富东 2 个居民委员会。

2000 年 5 月 15 日，原隆泰村析为乐陶、凤洋、后所 3 个行政村。2002 年，凤池、富东 2 个居民委员会，更名为凤池、富东社区居民委员会，其他辖区不变。

2014 年，浔中镇辖浔中、乐陶、凤洋、后所、龙翰、仙境、石鼓、祖厝、石山、世科、蒲坂等 11 个村民委员会和凤池、富东 2 个社区居民委员会。

自然地理

位置　区域　2014 年，全镇土地总面积 67.73 平方千米，其中耕地面积 578 公顷，林地面积 4516 公顷。浔中镇东与龙门滩镇的苏洋村、三班镇的奎斗村接壤，西与盖德乡毗邻，南与龙浔镇相连，北接国宝乡，东北与雷峰镇交界。

交通枢纽

浔中镇位于德化县交通枢纽地区，境内有厦沙高速公路、国道和省道通过，是全县干线公路的出发点之一。设施完善，从高速公路德化站出发2个小时直达福州、1.5个小时直达厦门、1个小时直达泉州，人员往来和物流顺畅便捷。距福州长乐国际机场244千米、厦门高崎国际机场132千米、泉州晋江国际机场118千米，距泉州高铁站102千米，为进出浔中游客带来方便。

厦沙高速公路　2014年动工建设，2017年建成通车。路面宽24.5米，双向四车道，设计行车时速80千米/小时。在德化县境内全长73.69千米，从浔中镇石山村等地通过。浔中镇距厦沙高速公路德化站出口3千米。

355国道　起点福建省福州市，终点广西壮族自治区巴马瑶族自治县，其中德化县境内全长51.688千米，途径浔中镇乐陶村。

206省道　起点福建省尤溪县，终点厦门市，其中德化县境内全长70.468千米，途径浔中镇石山村、蒲坂村。

地形　气候　浔中镇区域属低山和丘陵地形，山脉由西北走向东南，起伏不平。西北较高，属低山地带，山峰峻峭，最高峰为西天山，海拔1165.2米，背倚“闽中屋脊”——戴云山脉；东南较低，海拔450～750米，低山和丘陵交错，蜿蜒起伏，延绵不断；有一块小盆地置落其间，四周山峰环绕，浐溪从中间绕过，把小盆地一分为二。地势平坦，土壤肥沃，水源充足，是一块宜居之地。

浔中镇区一角

浔中镇地处亚热带季风气候区，常年平均气温在 15℃～19℃，有“夏长不酷热，冬短不严寒”之说。镇区距东南沿海约 80 千米，受海洋季风和地形影响，气候湿润、雨水充沛，年平均降水量 1500～2000 毫米，5—6 月为梅雨季节，7—9 月为台风季节。1988—2007 年，浔中镇年平均霜日 23 天，年平均雾日 16.6 天。

山水

龙浔山 位于浔中村，镇政府所在地西北侧，海拔 549 米，宋元时期山顶有龙山观，又名最高亭。明代德化知县绪东山再建亭，改名为驾云亭及醒龙楼。后县令张大纲建书院、真武楼、早春楼、三官堂，均已毁。中华人民共和国成立后，山顶重建驾云亭等公共设施。2007 年，县政府投资建文昌阁、亭榭、舞池，并修建道路等，供居民休闲娱乐。

大旗山 位于浔中村，海拔 950 米，因形状像一面展开的旗，故名。清末至民国时期有城堞环绕其巅。

绣屏山 位十仙境村，海拔 916 米，舒展如美丽的画屏，故名。据传说，山上有仙人经过的踪迹，山下村子因此得名仙境村。

西天山 位于祖厝村，又名科荣山，海拔 1165 米，山峰西侧山腰谷地有千年古寺——西天寺，是德化旅游胜地之一。

观音岐 位于乐陶村，原名白泥岐，又名凤岐山。主峰南侧建碧象岩，“瓷圣”何朝宗塑瓷观音置于碧象岩中，故凤岐山又称观音岐。海拔 738 米，蕴藏丰富的优质瓷土矿，是德化陶瓷旅游景点之一。

五凤山 位于乐陶村，五座小山峰相连，像五只凤凰比翼齐飞，因而得名五凤山，海拔约 700 米，植被丰茂，烟雨晴岚，有“五凤飞起连孥云”之美传。

石笋山 位于石鼓村，又名石简山、石笋寨山，海拔 748 米，因山如高耸的竹笋而得名。山陡且险，南面绝壁下有石洞，可容百人，山顶上原有曾姓人筑寨以避乱。2004 年，在山顶建宏远亭，供游人登峰观景。

唐寨山 位于世科村，又名大龙山，海拔 616 米。明代，当地村民在山上筑寨以避乱，故名。2002 年，县政府在唐寨山建森林公园，为德化主要旅游景区之一。

大洋山 位于浔中村，海拔 580 米，两翼展开，似有鸾翔凤舞之势。明清时期，山下建有文庙。中华人民共和国成立后，改建为德化县第一中学。

浐溪 为德化县境内最长溪流，发源于戴云山西南侧，称国宝溪，进入浔中境内称浐溪，又名浔水。流经浔中镇的石山、石鼓、蒲坂、世科、凤池、浔中、乐陶、后所、凤洋，进入龙门滩水库，全长 25 千米。历来是德化县城关和浔中镇居民饮用、灌溉、建水碓加工瓷土等主要水源。

缨溪 发源于西天山西北侧，经仙境村西北部岑山峡谷时，溪中有一块长 15 米、宽 6 米，有 7 种颜色的彩石，故又名彩溪。溪河床坡降较大，流水奔泻，形成多个小瀑布和水潭。集雨区植被丰茂，水质清澈，流入红星水库，为德化城关和浔中镇区居民储备性水源。

生态 浔中镇地形、土壤、气候均适宜植物生长，种类繁多，植被丰茂，历史上曾有“龙浔八景”“缨溪八景”之说。明代德化知县绪东山在《登驾云亭》诗中写道：“望中烟树千村晓，吟外松楸万古情。”清代知县殷式训在“龙浔八景”中用“登临最是三春好，到处花开似锦铺”的诗句，写出了当时浔中生态美的景象。

历史上，浔中居民除了农耕之外，主要从事陶瓷烧制。烧制陶瓷需要消耗大量木材，长年累月，使当地的生态逐渐失衡，前辈们见到并记载的“花开似锦铺”的美景慢慢地消失了，“龙浔八景”“缨溪八景”成了历史留给后人的传说。

中华人民共和国成立后，国家进行土地改革、林权制度改革，调动林农育林护林、

生态公益林

世科村大樟树

保护自然生态的积极性。2001 年，德化县林业部门根据国家关于加强生态保护的政策，区划、界定国家、省以及县级生态公益林，并报上级有关部门审批、核准后实施。浔中镇区划、界定省级公益林 25905 亩，活立木蓄积量 15 万立方米，主要分布在石山、祖厝、仙境、石鼓、龙翰、世科、蒲坂等村。分为 13 个生态公益林片区，按照“相对集中，专业管护”的原则，实行分片包干负责管理。

社区村落

凤池社区 凤池社区位于浐溪北岸、龙浔山西南侧，是德化县人民政府所在地，面积 0.53 平方千米，有 6 个居民小组。

凤池街

清代，凤池称西关市，属在坊里。民国时期为凤池保，隶属浔中镇。中华人民共和国成立后，仍属浔中镇。1958 年成立浔中大队，属浔中人民公社。1963 年 5 月，凤池从浔中大队析出，成立凤池街居民委员会。2002 年，成立凤池社区居民委员会，为县级“安全文明片区示范街”“青年文明号示范街”。

富东社区 富东社区位于龙浔山东侧，曾用名东关市、岳尾街、东风街，为浔中镇人民政府所在地，全镇的政治、经济、文化中心。

清代，富东属在坊里。民国时期为云亭保，隶属浔中镇。中华人民共和国成立后，仍属浔中镇。1958 年属浔中人民公社浔中大队。1963 年 5 月，从浔中大队析出，成立富东街居民委员会，隶属浔中镇管委会。2002 年 12 月，成立富东社区居民委员会，下设 5 个居民小组。

浔中村 浔中村位于浔中镇南部，土地总面积 5.21 平方千米，下设 16 个村民小组。陶瓷是浔中村传统产业，有“瓷村”之誉。

清代，浔中村隶属在坊里。民国时期为凤池保、云亭保、诗墩保，属浔中镇。中华人民共和国成立后，属浔中区。1958 年成立浔中大队，属浔中人民公社。1984 年，浔中公社改为浔中乡，浔中大队改为浔中村。1985 年，浔中村分为浔中、宝美 2 个行政村。

浔中村村部大楼

2014 年，全村人口 1349 户、5112 人，有林、曾、庄、李、郭等 57 个姓氏。

宋代至明清时期，浔中村窑火不断，已发现古窑址 14 处。民国时期，瓷业濒临倒闭，仅有少数窑场生产杯、盘等产品。

中华人民共和国成立后，先后创办多家陶瓷厂。2014 年年底，全村境内工业区开发用地 240 多公顷、建筑总面积 130.73 万平方米，有陶瓷企业 212 家，年产值 50 多亿元。

乐陶村 乐陶村位于浔中镇东南部，由乐陶、格仔、护界、六车、宏祠 5 个自然村组成，有 9 个村民小组，属丘陵地带，土地总面积 9.66 平方千米，有陈、孙、谢、徐、周、王等 15 个姓氏。乐陶是德化五大窑场之一，人们历来喜欢制瓷，大部分人从事陶瓷业，生活因此而改善，出现乐陶陶的情景，故取名乐陶。从明代至民国时期有文字记载的制陶作坊 20 多家。

乐陶瓷业始于明代，为手拉坯成型，由龙窑或阶级窑烧成，主要产品有白瓷和釉下青花瓷。制陶技艺以言传、演示、习作为主，大多是父子、兄弟、叔侄等亲属传承。

乐陶历来有“学艺先学文”村规，并成为传世遗风，乐陶村学文并非唯求仕途，而是能官则官，能艺则艺。乐陶历代有声望的陶瓷艺人 300 多名，没有一个不是文人，其中当过县官、州同、千总的官员也不少。这种陶瓷与翰墨交融、艺苑书香浓郁的人文环境造就了一批批德艺双馨的乐陶人。

后所村 后所村地处浔中镇东北部，有后所、后山洋 2 个自然村，下设 9 个村民小组。属丘陵地带，地势较平坦，土地面积 3.34 平方千米，土壤肥沃，水利条件好，历来与浔中村的诗敦被称为“金诗敦，银后所”，是人们休养生息的好地方。

清代，后所村为隆泰社，属在坊里。民国时期为凤洋保，属浔中镇。中华人民共和国成立后，与乐陶、凤洋合为隆泰乡。1958 年为隆泰大队，属浔中人民公社。1984 年改为隆泰村，2000 年分为后所、乐陶、凤洋 3 个行政村，后所村主要有何、林、李、郑、张、陈等姓氏。

后所是“瓷圣”何朝宗出生的地方。他瓷雕技艺精湛，享有盛誉，并一直传承延续，明末陈至言、孙凤栖等于白泥岐建碧象岩，请何朝宗于岩中塑一尊观音和善财龙女诸佛像，观音菩萨的神态威仪令人崇敬，白泥岐从此改称观音岐。

后所是德化重要古窑场之一，已发现古窑场遗址 5 处，其中大草埔窑为宋、元、明遗址，其他是明代至民国时期遗址，均为县级文物保护单位。其中的后所窑场，明代建，有 9 间窑室，烧成率高，至民国时期经久不衰。何朝宗、何朝春兄弟在此窑场烧制的中国白（象牙白）瓷雕艺术品，被誉为“比银还贵重”的稀世奇珍。

以何朝宗为代表的陶瓷技艺随窑场延续、传承。自明宣德年间（1426—1435）何光孙习艺起，传至万历年间（1573—1620）的何祖成等，七世相承，均在后所朱紫仑窑

世科村远眺

蒲坂村远眺

烧制陶瓷，传习工艺。清末民国初，苏学金学习何派艺术，雕塑观音；苏学金艺传许友义，许友义传苏勤明、许文君等，繁衍出宝美苏氏、湖前许氏两大瓷雕世家。

世科村 世科村曾称驷蒲、世安，位于浔中镇西部，历史上人才辈出。明清时期有郭鸣高等进士、举人，被称为德化“四大书箱”之一。

2014 年，全村土地总面积 2.24 平方千米，有 6 个村民小组。清代，属在坊里。民国时期为驷蒲保，先后隶属浔中镇、锦福乡。中华人民共和国成立后为驷蒲乡。1958 年，为浔中人民公社世安大队。1984 年改为世科村，隶属浔中镇。

蒲坂村 蒲坂村位于浔中镇西部，土地总面积 6.09 平方千米，有 8 个村民小组。

宋元明时期，蒲坂村属归德乡。清时属新化里。民国时期属浔中镇、锦福乡。1958 年成立人民公社时为蒲坂大队，1984 年改为蒲坂村。清雍正五年（1727），该村学子邓启元上京应礼部会试中第九名，殿试一甲第二名，榜眼及第，授翰林院编修，武英殿纂修。2007 年，全村企业总产值超过 2 亿元，成为全镇第二个亿元村。

龙翰村 位于浔中镇东北部，有龙翰、彭洋、西浾、旺内 4 个自然村，11 个村民小组，土地总面积 9.39 平方千米。

龙翰村曾称林翰，清代隶属新化里。民国时期为龙翰保，曾与仙境合为仙龙保，隶属浔中镇、锦福乡。中华人民共和国成立后，与石鼓村、仙境村、祖厝村、石山村合为仙荣乡。1958 年成立人民公社后为龙翰大队，属浔中人民公社。1984 年后改为龙翰村，隶属浔中镇，主要姓氏有甘、陈、郑、庄等。

龙翰村一角

龙翰村境内的梁伞寨山、金鸡山、鸡冠寨山、十八格山等，有瓷土、银等矿藏，年开采瓷土量 5000 吨左右。

凤洋村 地处浔中镇东部。全村土地总面积 3.1 平方千米。

清代，凤洋村为隆泰社，属在坊里。民国时期为凤洋保，属浔中镇。1958 年成立人民公社时，与乐陶、后所同为隆泰大队。1984 年改为隆泰村。2000 年分为乐陶、凤洋、后所 3 个行政村，属浔中镇。

凤洋村土地肥沃，是浔中镇主要产粮区之一，历史上有“粜米村”之称。

凤洋村一角

石鼓村一角

石鼓村 位于浔中镇北部，有石鼓、相垵、垵坑、大厝、茶仔林 5 个自然村，8 个村民小组。全村土地总面积 4.33 平方千米。

清代，石鼓村与仙境村、祖厝村、石山村合为科荣社，属新化里。民国时期与岑山村、祖厝村、石山村合为科荣保，先后隶属浔中镇、锦福乡。中华人民共和国成立后，与龙翰、仙境、祖厝、石山合为仙荣乡。1958 年，与仙境、祖厝合为仙荣大队；1961 年，析为石鼓大队，均隶属浔中人民公社。1984 年改为石鼓村，属浔中镇。

石山村 位于浔中镇西北部，有石山、歧宗、贵得洋、坑内、狮垵、西里、大山、狮旗 8 个自然村，15 个村民小组。土地总面积 12.97 平方千米。

石山村一角

清代，石山村与祖厝村、仙境村、石鼓村合为科荣社，隶属新化里。民国时期，曾设立石山保，后与祖厝村、岑山村、石鼓村合为科荣保，先后隶属浔中镇、锦福乡。1951年与石鼓、龙翰、仙境、祖厝合为仙荣乡；1955年为石山乡；1957年又归仙荣乡。1958年，成立浔中人民公社，析为石山大队。1984年，改为石山村，属浔中镇。

仙境村 位于浔中镇北部，距县城5千米，有芹菜垅、仙境林、泰山、岑山、堀仔5个自然村，7个村民小组。土地总面积6.69平方千米。

清代，仙境村与祖厝村、石山村、石鼓村合为科荣社，隶属新化里。民国期间为仙境保、仙龙保，先后隶属浔中镇、锦福乡。中华人民共和国成立后，与龙翰、石鼓、祖厝、石山合为仙荣乡。1958年，与石鼓、祖厝合为仙荣大队，属浔中人民公社。1961年析为仙境大队，1968年改为红星大队，1981年恢复仙境大队。1984年，改为仙境村，属浔中镇。

仙境村以农业生产为主。20世纪90年代，大力发展种植业、养殖业，先后建立食用菌、油柿生产基地，其中食用菌是全县食用菌栽培和集散地之一，年产食用菌上百吨，产值30多万元。

祖厝村 祖厝村位于浔中镇西北部，距城关7千米，土地总面积3.47平方千米，其中耕地面积769亩、林地面积6062多亩，有下路兜、祖厝窟2个自然村，8个村民小组。

清代，祖厝村与石山、仙境、石鼓合为科荣社，隶属新化里。民国期间与石鼓村、岑山村、石山村合为科荣保，先后隶属浔中镇、锦福乡。中华人民共和国成立后，与龙翰村、仙境村、石鼓村、石山村合为仙荣乡。1958年，与石鼓、仙境合为仙荣大队，属

仙境村一角

浔中人民公社。1961 年析为祖厝大队，1968 年改称东星大队，1981 年恢复祖厝大队，1984 年改为祖厝村，属浔中镇。

2014 年浔中镇建置村、社区基本情况一览表

表 1

村（社区）	村民小组（个）	总户数（户）	总人口数（人）	土地面积（平方千米）	工农业总产值（万元）	财政收入（万元）	人均收入（元）
凤池社区	6	2255	5488	0.53	128	97	12131
富东社区	5	1192	4391	0.71	601	101.5	11753
浔中村	16	1349	5112	5.21	479000	771	13840
世科村	6	428	1457	2.24	18000	54.6	14119
蒲坂村	8	751	2590	6.09	163000	163	13870
乐陶村	9	1148	4739	9.66	16000	556.8	12372
后所村	9	413	1383	3.34	12000	200	12423
凤洋村	4	377	1354	3.1	11000	33.6	11928
龙翰村	11	514	1731	9.39	2102	33	10318
仙境村	7	424	1454	6.69	2531	73.4	11082
石鼓村	8	475	1661	4.33	3015	119.5	11683
祖厝村	8	389	1316	3.47	1850	38	11820
石山村	15	661	2303	12.97	4306	50.4	11089

人口　姓氏

人口源流　唐龙纪元年（889），陈元光后裔陈汉，字汝宁，从漳州经仙游入德化，初居县城张岩（今凤池社区），继迁龙浔镇丁溪村鹏都大路巷，大顺二年（891）再迁居戴云斋（今戴云寺边）。清末，陈宗遂、陈宗取从南安市诗山镇霞宅村迁居岳尾街（今富东社区），建“阳福堂”。

唐景福二年至后唐同光三年（893—925），曾宏，字毅远，携眷从泉州移居归德场，

扶助农桑，繁衍生息。宏生五子，其中次子堪，字维岳，迁居丘岩（科荣前身，即今祖厝、石鼓、石山、仙境村岑山之统称），在祖厝堀（今祖厝村）建“科荣堂”，为丘岩曾氏肇基始祖。

北宋真宗年间（998—1022），张义郎从晋江儒林迁居凤池社区爱文郊，建“爱文堂”；嘉祐年间（1056—1063），张、姚、宋三姓氏居民入居乐陶村。绍圣二年（1095），李福谅从永春十九都迁居蒲坂村。宣和六年（1124），余棠从安溪县湖头镇迁居浔中村东头。

明洪武四年（1371），甘罗，号特斋，奉红牌事例从泉州卫拨龙翰村屯田并定居，为甘姓入德化始祖。洪武二十四年，徐菊生奉红牌事例拨军入德化屯种于乐陶，并定居，为六车徐氏始祖；涂建昌之子涂连迁居浔西涂坂（今蒲坂村），为德化县涂氏始祖。洪武二十八年，周子旺偕子周伏俚由泉州卫入德化归化里石幢大路仑（今三班上寮村）屯守，同年周子旺回泉州卫，周伏俚嗣职屯守；翌年，周伏俚从大路仑迁乐陶坂上屯守，并定居于此。

明初，王质直从泉州卫迁居永春县石鼓镇，继迁乐陶村。

永乐年间（1403—1424），杨氏族人因拨军入泉州，后部分族人迁居浔中村东头。弘治十年（1497），邓克谐后裔邓玄盛，又名邓唐仔，自漳平县卓安（今德安）迁居浔中村诗墩，为邓氏入德化始祖。正德十年（1515），郑仁长从南安县九十都迁居隆泰社前苏村（今后所村），建“六十亩”堂。正德十五年，邓克谐后裔邓炫，号象山、竹房，从泉州府城迁居土坂村，建“象牙堂”，为邓氏另一入德始祖。正德年间（1506—1521），林三、林邕、林朝清、林口口（林佛子）从泉州迁居后所村。

嘉靖二十一年（1542），李璞齐率长子养潜、次子养吾从晋江三十七都浔美东头乡迁居浔中村苏坂里，建“沙堤堂”。嘉靖三十三年，黄宽泽、黄宽孝兄弟从安溪县迁居凤池社区后田池，建“凤池堂”。嘉靖三十四年，谢清野，字廷珊，由龙岩肖坑里上坪迁居德化东门外，建堂宇开基。嘉靖年间（1522—1566），王大鉴与堂弟王大铭（王清仁长子）从江西省南昌丰城迁居浔中村沙堤，建“丰德堂”。

万历二十年（1592），孙朝凤十二世孙孙光绍，字时甫，号仰斗，率孙桐培、孙机培、孙权培三子从南安五都溪内入德化，定居乐陶村，孙光绍为入德化孙氏始祖。万历二十八—四十八年（1600—1620），张仙乞后裔从石狮迁徙德化县城上市（今凤池社区第二实验小学前），鼎建“桂德堂”。

清顺治十六年（1659），林启申从永春锦斗迁徙浔中村。顺治年间（1644—1661），郑碎台偕子郑杼彬从永春县桃源迁居龙岸村旺内，建“美金堂”。

康熙六年（1667），林荣春，字庆夫，从永春二十三都（地名亦号后厝）移居德化塔雁街，建祖祠“云龙堂”；其长子昌喈移居凤池街，建“龙美堂”。康熙年间（1662—1722），郑文臣从永春县三都迁居乐陶村土城。

乾隆十三年（1748），王巽轩从永春县高田洋迁居凤池社区西门，建“山斗堂”。乾隆二十一年，郭家庆（汾阳郭氏后裔）从永春县东平镇迁徙乐陶六车，建“禄兴堂”。

咸丰四年（1854），王慎义率子王士贤从泉州城内菜巷随军入德化平寇。王士贤定居路尾巷，后迁居凤池社区。同治八年（1869），吴当媛从南安县九都彭内乡蔡田村迁居凤池社区；吴五兴从泉州市黄龙迁入德化县城东门外岳尾街（今富东社区），建“碧玉堂”。同治十年，李金策从永泰县八镜乡迁居浔中村苏坂里，建“文德堂”。清末，张喜燕从仙游大圳塔峰迁徙浔中村诗墩，建“碧昌楼”。光绪二十八年（1902），林兴贡从安溪县马四岭迁居浔中村。

1940年，周福明从江西省永新县随军入德化，后定居城内凤池（今凤池社区）。颜福坝携子颜成良从永春县达埔镇达里村迁居凤池社区。1947年，黄世夺、黄瑞秩先后从永春县呈祥乡迁居浔中镇乐陶村格仔。

中华人民共和国成立后，尤其是国家实施改革开放后，从外地迁徙浔中定居的人不断增加。2014年年底，浔中镇有汉、畲、苗、瑶、回等17个民族，户籍人口10376户、34979人。另有港澳台胞0.3万多人，华侨、华人1.5万多人。

人口总量 浔中地处浐溪南北岸，沿溪两岸土地肥沃，水利条件好，适宜各种动植物生长，是人类繁衍生息的宝地。据《大明一统志》载，在浔南的琼山发现古代人类生活的石室、石灶、石鼎等遗物，说明在新石器时代就有人类在浔中聚居。1958年，在丁溪云尾山、牛尾山、泗蒲山也发现新石器时代人类活动的遗址，采集到石锛、网石、残石琢、残石器和釉陶片等生产、生活用具，证实原始社会后期，浔中地区就有人类居住。

1984年全国第四次人口普查显示，全镇常住总人口33443人。2000年全国第五次人口普查显示，浔中镇常住总人口84427人。2010年全国第六次人口普查显示，浔中镇常住人口有24208户、74562人，其中男38215人、女36347人。

1949—2014 年若干年份浔中镇户籍人口统计表

表 2　　单位：户、人

年份	总户数	总人口数	其中		备注
			男	女	
1949	3838	15988			
1955	5092	16125			
1959	8165	35766			行政区域调整
1960	3743	16559			行政区域调整
1965	4221	20611			
1970	4870	25120			
1975	5892	29377			
1980	6516	32774	16646	16128	
1985	7227	34767	17502	17265	
1990	8713	39907	20081	19826	
1996	10460	42744	21589	21155	
1997	7311	28542	15112	13430	行政区域调整
2005	8698	30678	15972	14706	
2014	10376	34979	18143	16836	

民族构成　浔中镇辖区内的原居住人群为闽越等多个少数民族。从两晋以后，汉族人群从中原因逃荒、随军大量南迁，徙居福建的沿海地区。后随着人口的不断增加，居住地不断拓展，陆续向内陆地区移居，浔中成为汉族人与闽越族融合相处的聚居地之一。20 世纪 80 年代，国家实施改革开放，随着浔中地区经济社会各项事业的发展，到浔中定居和就业的人逐渐增多，浔中镇成了一个汉族与多个少数民族和谐相处、共同发展的地区。

据全国第四次人口普查显示，1984 年，全镇有 4 个民族，其中，汉族 33427 人、回族 12 人、壮族 3 人、畲族 1 人。

据全国第五次人口普查显示，2000 年，浔中镇有 18 个民族，其中汉族 84071 人、蒙古族 7 人、回族 21 人、维吾尔族 2 人、苗族 183 人、彝族 3 人、壮族 14 人、布依族 11 人、朝鲜族 2 人、满族 1 人、侗族 14 人、瑶族 1 人、白族 1 人、土家族 48 人、畲族 44 人、土家族 1 人、仡佬族 2 人、锡伯族 1 人。

据全国第六次人口普查显示，2010 年，浔中镇有 17 个民族，汉族 74115 人、占 99.4%，少数民族 447 人、占 0.6%，其中苗族 304 人、壮族 43 人、畲族 36 人、蒙古族 3 人、彝族 4 人、布依族 11 人、满族 3 人、侗族 13 人、回族 12 人、土家族 4 人、锡伯族 3 人、仡佬族 4 人、土家族 4 人、维吾尔族 1、瑶族 1 人、白族 1 人。

主要姓氏 中华人民共和国成立后，因工作、经商、务工、婚嫁、长江三峡工程建设移民安置等因素，迁徙浔中定居的人口不断增加，其姓氏也逐渐增多。据《德化县姓氏志》及部分姓氏谱牒记载，至 2013 年年底，分布在全镇各村、社区的姓氏 140 个，其中单姓 139 个、复姓 1 个。除石鼓、祖厝、石山等村主要为曾姓、世科村主要为郭姓外，龙翰村有陈、甘、郑、庄四姓，仙境村有曾、温两姓，其余村、社区皆为多个姓氏和睦相处，共谋发展。

2013 年浔中镇人口姓氏统计表

表 3 单位：人

姓氏	人数	姓氏	人数	姓氏	人数	姓氏	人数	姓氏	人数
曾	8415	涂	396	方	99	吕	25	宋	9
陈	3207	连	348	柯	95	章	24	袁	9
李	2325	周	305	邱	81	杜	23	占	9
林	2173	谢	266	卢	61	关	22	纪	9
郭	1766	颜	239	蒋	58	赵	19	盛	8
孙	1476	杨	236	潘	55	傅	19	薛	8
温	1195	许	199	洪	51	谭	18	雷	7
张	1101	刘	194	单	50	魏	17	欧阳	7
郑	1013	何	142	萧	48	毛	16	翁	7
甘	1007	叶	132	江	47	丁	14	滕	7
邓	639	彭	125	梁	44	万	14	易	6
王	582	寇	123	董	43	危	14	柳	6
黄	560	查	120	胡	33	钟	12	管	6
吴	551	余	120	戴	31	向	10	俞	6
庄	485	蔡	110	范	28	施	9	鲁	6
徐	482	童	101	冯	27	裴	9	沙	6
苏	412	程	99	凌	26	姚	9	秦	5

续表 3

姓氏	人数	姓氏	人数	姓氏	人数	姓氏	人数	姓氏	人数
官	5	尤	4	薰	3	阳	2	靳	1
朱	5	欧	4	龚	3	全	2	景	1
严	5	汪	4	龙	3	褚	2	高	1
陆	5	田	4	冉	2	卓	1	孔	1
季	5	石	4	蒲	3	马	1	费	1
纂	5	尹	4	金	3	黎	1	池	1
艾	5	史	4	辜	3	廖	1	强	1
綦	4	房	4	沈	2	熊	1	窦	1
寿	4	游	4	诸	2	白	1	支	1
梅	4	岳	3	于	2	来	1	宗	1
邹	4	崔	3	邵	2	花	1	顾	1

镇区建设

“大城关”布局与浔中镇区 1992 年 7 月，德化县委、县政府提出“小县大城关”发展战略，围绕建设一流瓷城目标，调整城市布局，扩大城区范围，坚持旧城改造与新区开发并举，增加投入，加快基础设施建设步伐，优化城市环境，提升城市化水平。浔中镇大部分区域位于县城区内，建设规模按城区总体规划进行。

在中心城区中，浔中镇区涵盖除城南组团以外的大部分中心区域，其中老城区是行政、办公、商业、居住生活等服务中心；城北组团为教育和陶瓷文化中心；城西组团为陶瓷中心区，具有陶瓷生产、营销服务、对外交通等功能；城东组团为综合服务、电子商务和居住配套等服务功能。工业用地集中在城东、城西两个工业园区。

旧街改造 浔中镇凤池街西门片区列为第一期旧街改造项目，拆迁旧房面积 0.34 万平方米，新建房屋面积 0.64 万平方米，总投资 560 万元。

镇区夜景（一）

1997—1999 年，富东街进行旧街改造，共拆迁旧房总面积 4.315 万平方米；新建框架结构高档商住楼面积 14 万平方米，总投资 2 亿多元。街道铺设混凝土路面，两侧各 3 米人行道铺设石板材及瓷砖，并进行绿化、美化。

2000—2004 年，西门至世科大樟树地段、原德化第一瓷厂旧宿舍区进行改造，拆除旧房面积 0.2 万平方米，新建住房面积 3.5937 万平方米。

凤池街道铺设高级沥青路面，两侧人行道铺设石板材，种植花草、绿树。浐溪沿岸筑防护栏及人行通道，铺设石板材，人行道种树，绿树成荫。2008 年，德化县对凤池街的西门片区龙津桥至县政府门口进行重新改造建设，拆迁旧房建筑面积 5.2 万平方米，新建房屋面积 12.4645 万平方米，总投资 9.52 亿元。2009 年，在龙津桥至鸣凤桥沿溪地段建设滨溪公园——凤池公园。

工业园区建设 20 世纪 80 年代后，德化县陶瓷业迅速发展，浔中镇民营陶瓷企业家纷纷购地建厂，开发建设陶瓷工业区。主要是开发城后工业区、诗墩工业区，用地面积约 100 万平方米，入驻生产企业 45 家。

镇区夜景（二）

2005 年，开发城东新区。至 2014 年，出让土地 65.83 万平方米，建成厂房面积 35 万平方米，投资 2.46 亿元，入驻企业 119 家。

居民新区建设　20 世纪 90 年代后，德化县城镇住房建设逐步市场化，先后建成多个居民住宅新区。

至 2014 年，浔中境内城后新区、西校场小区、蒲坂新区、百德·畔山 1 号、群盛·翰林府邸、凤凰国际、优山美地、瓷都·阳光名城、百德·畔山云海等住宅区先后开发建成。

镇域经济

农业

种植业　浔中镇耕地面积 2.3 万亩，主要种植水稻、甘薯、马铃薯等作物，其中隆泰村被誉为德化“五大粮仓之一”。同时，种植蔬菜、柑橘、水蜜桃、食用菌等。2014年，全镇水稻种植面积7673亩，总产量3614吨；甘薯1000亩，总产量302吨；马铃薯面积3660亩，总产量1062吨；蔬菜种植面积6050亩，总产量6499吨；果园面积3686亩，总产量1168吨，产值1100多万元；食用菌总产量342吨，产值1680多万元。

养殖业 2000年后，浔中居民开始规模化饲养戴云黑鸡、德化黑兔等优良品种。2014年，浔中镇拥有“龙翰”黑兔、“石鼓”黑鸡等省级农产品品牌及其商标；龙翰吉盛黑兔养殖合作社被农业部列为“农业标准化实施示范项目”，被评为“全国科普惠农兴村先进单位”；绿都农产品获“福建省名牌农产品”称号，绿都农民合作社获“福建省农民专业合作社示范社”称号。

陶瓷业 浔中镇境内先后建成城后、诗墩、城东、世科、蒲坂等陶瓷工业园区，其中城后工业区总用地面积16.67万平方米，诗墩工业区总用地面积83.3万平方米，城东新区总用地面积65.83万平方米。2014年，全镇陶瓷企业300多家，其中规模以上企业及年产值2000万元以上企业38家；全镇工业产值35.14亿元，其中陶瓷业产值31.63亿元，占全镇工业产值90.01%。陶瓷业成为浔中镇主要支柱产业，是财政收入的重要来源。

2014年，浔中镇有国家级高新技术企业4家，为冠福现代家用股份有限公司、威尔陶瓷股份有限公司、太古陶瓷股份有限责任公司、德化福杰陶瓷有限公司；国家知识产权优势企业2家，为冠福现代家用股份有限公司、佳美集团公司；省级高新技术企业5家，为德化第五瓷厂、顺德盛陶瓷有限公司、龙峰陶瓷有限公司、冠峰陶瓷有限公司、臻峰陶瓷有限公司；市级高新技术企7家。

工业

造纸业 浔中境内有泉州景玉纸业有限公司，生产各类纸板、纸箱等。2014年，公司产值5000多万元，年纳税200多万元，先后获福建省造纸行业“十强”企业、中国包装优秀企业等荣誉称号。

木竹加工业 浔中境内有生产木制工艺品、小家具、陶瓷配件、树脂小工艺品等各类加工企业，产品除供应德化县陶瓷厂做配件外，还销往美国、加拿大等国家和多个地区。

塑料加工业 浔中境内有生产陶瓷泡沫包装品、气垫薄膜等陶瓷配套企业十多家，其中振顺塑料有限公司2014年产值1000多万元。

建筑业 浔中境内有浔益建筑工程公司，2014 年，公司固定资产 1680 万元，完成工程量 2 亿多元，纳税 851 万元。

印刷业 浔中境内主要有佳美、益盛两家彩印有限公司，主要生产、出口彩印纸箱、高档礼品包装盒、气泡垫等。2014 年，两家公司固定资产 5278 万元，年产值 1 亿多元，纳税 600 多万元。

服务业

商业区 浔中境内主要有富东、诗敦、城后、西门、东大路等五大商业区，各种商店比比皆是，商品琳琅满目，购销两旺，物流畅通，成为德化县商业和物流中心之一。2014 年，全镇有酒家餐馆 91 家、日用百货店 290 家、服装店 166 家、茶酒店 144 家、食品商店 401 家、美发店 103 家、维修加工店 201 家、诊所药店 42 家，其他商店 780 家。

电子商务 浔中镇于 2013 年 5 月在城东工业区创建中国瓷都·德化电子商务创业园，园区内设电子商务公共服务平台、陶瓷产业集群服务平台、电子商务培训基地，集聚全县陶瓷电子商务企业抱团发展，促进全县陶瓷企业转型升级。2014 年，园区入驻电商服务企业 66 家，吸引电商企业 150 家、第三方服务机构 20 家、供应商 30 家，各类企业自发向园区周边聚集，形成电子商务综合聚集区，总面积达 7 万多平方米，零售电商交易总额 12 亿元，成为福建省最大的陶瓷电子商务聚集区，获评福建省首批省级电子商务示范园区，浔中村被评为全国淘宝村。

文教卫生

文化 唐宋至明清时期，浔中地区有木偶戏、布袋戏、高甲戏，以及舞狮、舞龙、南音演唱等文化活动，其中诗敦、丁墘等村的舞狮最著名。文化团体有诗社，文化场所有书斋，其中驾云亭下的龙浔书院、沙堤的“蒲园”、诗敦的“逸园”、乐陶的“双美”“翔鹏”“植德”等都是当时有名的民间文化活动场所。

德化第五中学

民国时期，县政府和社会团体在浔中凤池街陆续创办报社、戏剧改良社、学术研究社、民众俱乐部等文化团体。

中华人民共和国成立后，在浔中的凤池街、富东街有文化馆、图书馆、影剧院、新华书店、广播站等文化设施。20 世纪 90 年代后，每年在凤池街体育场举办“广场文化艺术节”“民间民俗广场文化节”“文艺专场晚会”等文化活动，是德化县最活跃的文化活动中心。2000 年 7 月，浔中镇文化站更名为浔中镇文体育服务中心，推行《全民健身计划纲要》，指导村、社区文化室和民间文化艺术团体开展健康、文明的文化体育活动。

德化第八中学

德化县浔中中心小学

教育 后唐长兴四年（933），德化建县后，浔中境内就有固定的教育场所，时称“泮宫”。南宋建炎四年（1130），德化县在浔中的苏坂里建学宫，为全县规模最大的教育场所。明隆庆六年（1572），学宫移址于凤凰山麓，为德化最高学府。嘉靖七年（1528），在县城上市（今浔中西门），将天妃宫改建为紫阳书院；嘉靖四十年，在龙浔山麓创办龙浔书院。清顺治六年（1649），创建云龙书院；康熙二十八年（1689），创建图南书院；嘉庆十五年（1810），在图南书院增设试院，成为德化县规模最大、办学时间最长的书院。

1912 年，德化县在浔中设立第一高等小学。1923 年，始办初级中学。1937 年，创办浔中镇中心小学。1947 年，浔中域内有初级中学 1 所，小学 6 所。

2014 年，浔中境内有泉州工艺美术职业学院、德化职业技术学校，和德化县第一、第五、第八中学以及第二实验小学、浔中中心小学。全镇有大中专、中小学、幼儿园等各类学校 35 所，有学生 1.8 万多人，是德化县学校最多、规模最大、门类最齐全的教育中心。

卫生 明清时期，浔中境内始有中药铺。清代，乐陶村有郎中，善治蛊病、伤寒病等；有正骨医师，精正骨，好行善，世代相传。

民国时期，有少量中医、西医诊疗人员，仅能治疗疟疾、菌痢等一般小病以及做一些外科小手术等。

2005 年 5 月，浔中镇推行新型农村合作医疗制度。2014 年，浔中镇城乡居民新型合作医疗参保率达 95% 以上，有镇级社区卫生服务中心 1 个、村级卫生所 12 个，其中甲级卫生所 3 个；有民办医院 1 家，医务人员 30 多人。

居民生活

中华人民共和国成立前，浔中镇由于交通不便，农业基础设施差，生产发展缓慢，人民生活困苦。中华人民共和国成立后，浔中镇农业生产发展，人民生活水平有了较大改善，收入逐步提高。

1985 年以后，浔中镇居民开始建设钢筋混凝土结构套房式住宅，设计以实用为主，兼顾抗震、采光、美观。1990 年后，浔中镇居民在不放松粮食生产的同时，大力发展陶瓷业，人民生活水平逐年提高。1991 年，浔中村率先跨入小康行列。2000 年后，服装以购买成装为多，衣着消费占生活支出比重提高；饮食方面，市场上各种蔬菜、肉类、活禽、水果、鲜蛋、土特产、淡水鱼虾、名贵海产等应有尽有，居民越来越注重生活品质，更加注重食用绿色食品；各种耐用品消费从 20 世纪 90 年代的电视机、洗衣机、自行车、电话等变为手机、电脑、摩托车、轿车等。2006 年，全镇人民生活水平达到宽裕型小康水平。浔中镇持续加大对医保、社保、征地补偿的镇级配套资金投入，坚持向全镇各类弱势群体发放居民最低生活保障、医疗救助、社会救助和社会优抚等各项补贴，确保人民安居乐业。2014 年，浔中镇新型农村社会养老保险、新型农村合作医疗参保率分别达 95.91% 和 100%；为 428 户 610 人的低保户每月发放生活补贴 9.8 万元；88 户城镇居民住房困难户享受保障性住房租金补贴政策；农村居民人均可支配收入达 11800 元。

唐寨山森林公园湖畔

名窑名瓷

浔中镇是德化窑和德化瓷的发源地，始于唐、五代，宋时逐渐繁荣，明清为辉煌时期，解放后又创造了新的高峰。在其发展过程中，浔中瓷民倾注了大量心血和汗水，不断吸取经验和教训，才使德化窑为世人称道。德化窑生产的瓷器色白质坚，釉光莹润，造型精美，装饰新颖，品种多样，展示了优秀的传统文化和独特的艺术风格。其中，建白瓷、高白瓷、瓷雕被称为瓷坛“三朵金花”，千姿百态的西洋工艺瓷令西方国家情有独钟，质地优良的“中国白”“中华红”等高科技含量的名瓷蜚声海内外。

德化窑

传统“德化窑”

据《德化陶瓷志》载，唐代中晚期，浔中等地有龙窑。北宋时期的结构更合理，又称蛇目窑。同时，浔中的乐陶还有马蹄形窑，包括龙图宫后窑、宋厝山窑、灯盏坑窑等。南宋、元时期有分室龙窑，又称鸡笼窑，为倒焰烧成。德化窑历来有“中国民窑的代表”和“串窑始祖”之誉。南宋嘉定十六年（1223），日本人加藤四郎到德化浔中等地学习制瓷和烧成技术，回国后依法建窑和烧制陶瓷，把仿照德化龙窑建造的窑炉称为“德化窑”，并延续传承使用。元末与明清时期有阶级窑。德化已发现古窑炉遗址238处，其中浔中境内有36处。德化窑炉结构合理，容量大，燃料消耗少，以还原和氧化烧成，瓷器成品率高。在德化五大窑场中，浔中有瑶台、乐陶、丁墘和高阳四大窑场，是德化古窑炉最多、类型最齐全、最具代表性的区域。

瓦窑 即专门烧瓦片的窑炉。以前，瓦窑依山坡挖穴建成，窑高2.5米，窑后宽2米、窑前宽1.5米，窑前筑烧火腔。窑门高1.5米、宽0.7米，每次可烧瓦片约3万块。后来，瓦窑用长0.3米、宽0.28米、厚0.24米的红土砖砌筑，设计更合理，窑体更坚固，容量更大，每次可烧成瓦片6万多块。

马蹄形窑 由窑头、窑门、窑室组成。窑室长2.2米、宽1.8米、高1.8米，可装烧5～7担瓷器。民国时期到中华人民共和国成立后，乐陶还有人使用过独立的圆体窑，为马蹄形窑变异窑体。

龙窑 因形状似龙而得名，俗称蛇目窑。其窑依山势斜坡砌筑，坡度10～28度，由窑头、窑室、窑尾三部分组成。窑头设火膛，窑室分若干目（节）。每目窑墙两侧设火眼（投柴孔），对称排列。窑尾设挡火墙，墙底部放通烟孔，墙后设烟火巷，俗称烟囱，高3米、宽0.4米，长依窑体而异。窑体两侧建阶梯式通道，两边放窑门若干个，

德化窑

作为瓷制品进出通道。从北宋以来，乐陶、后所窑场长期使用。明清时期，乐陶、后所、浔中东头、后井建有龙窑群。

中华人民共和国成立后，浔中境内仍以龙窑为主，大部分依山坡砌筑，一般长 43 米，分 32 目（节），其中窑头 6 目，长 1.1 ~ 1.7 米、宽 2.4 ~ 2.6 米、高 1.2 ~ 1.7 米。窑两侧每隔五目各放一个窑门，高 1.6 ~ 1.8 米、宽 0.4 米。窑头设烧火膛，每目窑膛的两边对称各放一个投柴孔，也是火色观察孔，孔大小约 0.03 平方米。最后一目置闸壁，即挡火墙，墙底放 9 个通烟孔，倾斜度 25 ~ 27 度。整条窑的结构合理，容量大，具有升温适度、均匀，成品率高，生产安全，操作容易等特点。

鸡笼窑 又称分室龙窑。宋末元初，浔中瓷民把龙窑改成隔间窑室，窑室斜平，分室不分级。每一间窑室单独拱顶，外观造型像一个鸡笼，整条窑像几个鸡笼连成一体，故名鸡笼窑。其特点是窑体大，装烧的瓷器多，火膛狭小，呈半圆形、拱顶，不易塌陷。窑室之间设有挡火墙，下有通火孔，窑底两边有通火路，为倒焰烧成。

阶级窑 元末明初时浔中瓷民始建，综合龙窑和鸡笼窑技术创新而成。它依山斜坡砌筑，倾斜度为 10 ~ 15 度，由 3 ~ 9 个独立的窑室连成一整体。后间窑室比前间稍高，形成台阶式，或称阶级，故称阶级窑。窑膛容量可至数十立方米，结构合理，成品率高，燃料消耗低，国内外陶瓷场广泛采用，因诞生于德化，所以也称“德化窑”，并被陶瓷界有关人士确认为“串窑的始祖”。一般为窑头的窑室较小，中间和窑尾的窑室较大。每间窑膛之间设隔离墙，墙底有通火孔，靠前隔离墙处有燃烧室。隔离墙两侧有窑门，窑门上留投柴孔，并可观察火色。其最大特点是余热利用好，易控制烧成气氛。

明代，浔中后所村的一座阶级窑，有 9 间窑膛，容量数十立方米。清代，乐陶村的阶级窑有大小之分，一般为 1 ~ 5 间窑膛，小者 1 ~ 3 间，大者 1 ~ 9 间，窑体高和宽各不相同。窑头筑火柜并与窑体相连接，窑膛隔离墙下有通火孔，俗称“狗涵洞”。窑体两侧对称各开一孔，用于观察火色，俗称“照仔”。每间窑的外墙筑有护墙，向外拱出，俗称窑纵或窑乳。各间窑顶呈半圆形，窑尾筑火屏烟囱，用于排烟排气。

20 世纪 50 年代至 70 年代，德化瓷厂以及浔中、隆泰等村均建有阶级窑，规模 3 ~ 9 间，呈阶梯状，上筑蛋形窑腔，腔与腔之间相通，阶级高低差比旧阶级窑略大，结构更合理，容量更大，成品率更高。

窑炉改革 1956 年以前，德化窑炉以木柴做燃料，消耗大量木材。1957 年，轻工业部提出以煤代柴烧瓷的改革措施。德化县政府拨出专款，在位于浔中公社境内的德化瓷厂建煤气窑，作为以煤代柴烧瓷试点。1958 年，德化瓷厂采用无烟煤配合木柴烧制瓷器取得成功。1964 年 6 月，福建省轻工业厅拨款 3100 元，用于德化瓷厂改进窑体结构，提高窑温。1966 年，福建省轻工业厅投资 157 万元，在德化瓷厂建热煤气站、热煤气隧道窑及其配套工程，以热煤气代柴烧瓷。

1981 年 3 月，德化县政府成立德化县节能办公室，组织科技人员自行设计、施工，建造硅板小截面电热隧道窑，进行用电烧瓷试验。

1982 年，中共中央总书记胡耀邦到德化考察，作出明确指示，要求德化一定要“以电代柴烧瓷”。德化县委、县政府立即召开专门会议，研究制定以电代柴烧瓷，解决困扰德化经济社会发展的“林瓷矛盾”的计划和措施。德化第五瓷厂（原浔中公社瓷厂）因森林树木被大量砍伐，资源越来越少，价格越来越高，烧瓷成本上涨，正处于步履艰难之时。他们听到县里要实施以电代柴烧瓷的改革消息后，倍感振奋。厂长温克仁立刻找到县分管领导，主动请缨，请求承担电热隧道窑研发任务。1985 年夏天，一条 35 米长的电热隧道窑，经过调试、点火，成功投入生产。紧接着，德化第五瓷厂又承担德化县下达的新电热隧道窑研发任务。经过一年多的努力，一条长 39 米的电热隧道窑又研发成功。这两条电热隧道窑，使陶瓷烧成时间由原来的 2 ~ 3 天，缩短为十几个小时，效率提高 4 ~ 5 倍，成品率也明显提高，还可循环生产。

1986 年，德化县大多数瓷厂改用电烧瓷、烤花，并逐步把小截面改为大截面。20 世纪 90 年代，全县又推广使用煤、油和液化气烧瓷。后来，随着陶瓷业的发展，窑炉继续革新，先后引进隧道窑、辊道窑等新型窑炉。

2001 年，全县 1100 多家陶瓷厂全面告别用柴烧瓷，迎来工厂无烟、生产发展、生态优、环境美的时代。

新型窑炉

20 世纪 80 年代中期后，德化县在浔中镇率先全面推广窑炉改造和烧成技术革新，自行设计、研制，或引进新型窑炉，以冷煤气、油、电、液化气、天然气等代柴烧瓷均获得成功，走出一条“林”“瓷”双赢、可持续发展的路子。德化陶瓷厂的烟囱没了，森林保住了，山更绿了，水更清了，天更蓝了。

隧道窑　有油烧、气烧、电烧隧道窑，长 20 ~ 80 米，窑体一般高 2.2 米、宽 2 米，窑膛一般高 0.7 米、宽 1 米，窑体和窑膛大小均可因窑型不同而异。1983 年，浔中石鼓瓷厂建成电热隧道窑，长 22 米。1985 年，德化第五瓷厂承担德化县节能办公室能源改革试验任务，建成电热隧道窑，长 35 米。20 世纪 90 代，德化第五瓷厂、德化瓷厂引进湖北油烧隧道窑中洲窑，窑长 42 米，分为预热段（16 米）、烧成段（10 米）、冷却段（16 米）。2000 年，冠福集团公司等较大陶瓷企业，也引进湖北油烧隧道窑中洲窑；或改造建设有自主知识产权的隧道窑，生产过程用电脑等操作或控制，逐步实现半自动化、自动化生产。

隧道窑

辊道窑

辊道窑 又名滚底窑。1996 年，德化第五瓷厂从湖北中洲公司引进烧成辊道窑，窑长 60 米、宽 2.32 米、高 2 米，窑堂高 0.28 米、宽 1 米，耐火材料和钢皮结构，以柴油为燃料，用链式传动。其特点是明焰快烧，分预热、烧成、冷却，全过程只需 3 小时。此后，龙鹏、冠福等陶瓷企业集团，以及其他中小陶瓷企业也引进或改造建设，大部分用于烤花等。

节能蒸笼窑 1983 年，位于浔中镇境内的德化县瓷器工业研究所成功研制节能蒸笼窑。窑炉结构采用蒸笼式，窑炉高低可根据产品需求进行调节，一般每层高 0.3 米、直径 0.45 米，用耐火材料做成，内设搁丝槽，安装电炉丝，最高烧成温度 1260℃，温差小于 10℃，氧化焰烧成。配有电源控制柜和电脑控制台。

土砻窑 又称旋转窑。是 1997 年德化臻峰陶瓷有限公司从台湾地区购入并经其改造的新型窑炉。窑直径 13.5 米、高 2 米，窑膛高 0.75 米、宽 0.63 米。窑体外壳为铁制，内用耐火材料砌成。窑体中心竖一根大轴，用铁板把窑体加固。窑底装滚珠，在电力推动下，窑车绕窑体环形运转，用于瓷器烧成或烤花等。

罩式电窑 1983 年，由德化县节能办公室组织科研人员研制，德化县工艺美术陶瓷厂建造。电窑有效窑室容积 0.128 立方米，额定功率 23 千伏安，最高烧成温度 1400℃。

井式窑 分方形井式窑和圆形井式窑两种，窑体可大可小。方形井式窑一般长 2 米、高 1 米、宽 0.35 ~ 0.48 米；圆形井式窑一般高 1 米、直径 0.5 米。窑体由耐火材料和电炉丝组成，用氧化焰高温、裸体烧成。1972 年，浔中隆泰、英山等瓷厂试用。1983 年，浔中隆泰、石鼓等瓷厂用轻质砖和电炉丝砌成小型井式窑炉试验烧瓷。1986 年，电热井式窑研制成功。20 世纪 90 年代，这种窑炉被广泛使用。

简易小油窑　1988年，由位于浔中镇境内的德化县技术开发中心研制，应用倒焰窑原理，用空气压缩机，通过气枪把柴油喷入窑内燃烧，具有结构简单、费用偏低等优点，适用于高温还原焰裸烧，小厂家和家庭作坊广泛使用。

倒焰窑　20世纪60年代中后期开始试用，分大、中、小三种类型，中型窑炉长4米、宽2.44米、高2.7米，窑膛长3.7米、宽1.46米、高1.66米。窑膛用硅酸铝纤维板切块拱成，置2对烧油孔，配4支油嘴。窑门用铁板制成，靠窑膛一面用硅酸铝纤维板衬铺。窑炉中设窑车，长3.6米、宽1.4米，适用于小厂家。90年代末，浔中镇境内的中型厂家根据生产需要，采用大型窑炉，把单窑门改为双窑门，方便进出，缩短冷却时间。

烤花炉　俗称锦炉。长期以来，德化陶瓷厂烤花炉用砖砌成，立式、圆形，炉底砌6～8个烧火孔，互相串通。内设炉膛，炉膛外有通火道，用木材或木炭做燃料，隔焰烧成。20世纪80年代初，德化瓷厂建成电热烤花炉。1986年，德化第五瓷厂建成电热隧道窑烤花，长39米，总功率95千伏安，采用4号铁铬铝电阻丝发热，用可控硅触发器半自动控制，最高温度可达900℃。21世纪初，陶瓷烤花还有电热井式窑、油烧隧道窑，以及其他专用隧道窑等。

古窑保护

古窑址分布

浔中村　14处。诗墩边鼓垄窑（宋、元）；诗墩谢厝窑（民国）；诗墩王厝窑（民国）；诗墩叶厝地窑（民国）；东头外窑（宋、元）；东头内窑（明、民国）；东头九间窑（清、民国）；东头杏脚窑（清、民国）；东头田边窑甲

屈斗宫窑址

20 世纪 90 年代挖掘古窑址

古窑址保护碑

址（清、民国）；东头田边窑乙址（民国）；东头隆泰窑（清、民国）；东头福源窑（清、民国）；东头福兴窑（民国）；东埔窑（民国）。

乐陶村 7 处。乐陶陶窑（宋、明、清、民国）；乐陶宫兜窑（明、清、民国）；六车窑（明、清、民国）；六车寨仔山窑（宋）；宏祠窑（明、清、民国）；坂上大珍窑（明、清、民国）；乐陶格仔窑（明、清、民国）。

后所村 5 处。大草埔窑（宋、明）；后所窑（明、清、民国）；虎头山窑（明、清、民国）；后山洋水尾窑（明、清、民国）；后山洋堀仔窑（明、清、民国）。

凤阳村 4 处。凤洋桐上窑（明、清）；凤阳大路口窑（明、清）；凤阳陶铸坑窑（宋、元）；凤阳宫山尾窑（民国）。

龙翰村 2 处。黄竹林窑（清）；瑶垵，又名梧桐垵窑（清）。

世科村 2 处。释仔山脚窑（清）；改良窑场（民国）。

石山村 1 处。初溪窑（宋、元）。

石鼓村 1 处。解路窑，又称科荣窑（民国）。

1997 年，划归龙浔镇辖区的古窑址有：宝美村 28 处、高阳村 41 处、丁溪村 5 处、英山村 2 处。

重点保护窑址

屈斗宫窑址 位于宝美村破尾寨山西南坡上，属宋元时期的窑址。窑长 57.1 米，宽 1.4 ~ 2.95 米，有 17 间窑室，坡度 12 ~ 22 度，出土了不同类型的器物标本 3793 件、生产工具800多件。为依山而建的分室龙窑遗址。1961年，被省政府划为福建省文物保护单位。1988年1月13日，由国务院颁布为第三批全国重点文物保护单位。

对屈斗宫宋元窑址的发掘工作自1976年4月25日开始，同年7月26日结束。历时90天。除清理一座坡长57.1米的窑基外，还出土了大量的瓷器标本和烧制工具。

甲杯山窑址 位于宝美村南环路外，为元明时期的窑址，为全国重点文物保护单位——屈斗宫窑址的组成部分。2001年5月，经国家文物局批准，由省博物馆等单位进行考古发掘，出土了大量有价值的白瓷器物。该窑址发掘3座窑炉遗迹，分别用Y1、Y2、Y3表示，均为东西坐向，Y3大部分遗迹被Y1、Y2叠压、打破（因要保留Y1、Y2，所以未作进一步发掘）。窑炉的构筑方法与屈斗宫窑相似，砂底，窑墙用砖砌。窑具大多数是漏斗形匣钵，还有少量垫柱以及垫饼和垫块（用于间隔、稳定匣钵柱）。器物均为白瓷，主要器形有墩子式碗、印莲瓣纹洗、印卷草纹盒等。

初溪窑址 位于石鼓村初溪电站外山，为宋元时期古窑址，1978年发现。窑址散布面积约150平方米。地表有支圈、支垫、窑砖和青白釉芒口碗、洗、粉盒等。

后所窑址 位于后所村北侧山坡上，为明代至民国时期古窑址。1954年发现，窑址散布面积约1500平方米。地面散布有匣钵、窑砖，发现有明清风格的白瓷，青花瓷碗、盘、梅花杯，象牙瓷塑残件，少数盘底书“成化年制”年款。至今乃保留一座清末民国初的古窑，长12.1米、宽3.9～5.3米。

大草埔窑址 位于后所村大草埔，为宋至明代古窑址，1976年发现，遗物散布面积约450平方米。地面散布有匣钵、支圈等，器物有宋代特征的青白釉芒口碗、盒、洗等，以及明代特征的象牙白瓷印花杯和素面碗、高足杯等残碎片。

龙图宫后山窑址 即六车寨仔山窑，位于乐陶村龙图宫后山，为宋至元代古窑址，1982年发现，遗物散布面积约300平方米。地面散布有青白釉芒口碗、盒、洗和支圈。纹饰有莲花瓣纹、弘纹和直道纹，多为印制。

黄竹林窑址 位于龙翰村境内，为清代古窑址，1976年发现，遗物散布面积约250平方米，地面散布有零星的匣钵、窑砖等，器物有青花碗、杯、匙等。

保护措施 德化窑历史悠久，浔中镇有古窑址36处。浔中镇古窑保护坚持“有效保护、合理利用、加强管理”的原则，利用广播、电视、报刊等媒体，宣传古窑保护的有关法律、法规，建立健全古窑保护机制，对重点古窑保护单位进行保护范围GPS定点及建设控制地带划定，树立界桩，加强对古窑的保护和管理。同时合理开发古窑资源，开展对外交流活动，国内外众多专家、学者前来参观考察，并进行学术交流。

屈斗宫德化窑址是福建省受国家保护的大遗址之一。1995 年，中共德化县委确定屈斗宫古窑址为爱国主义教育基地。1997 年，县文体局申请上级拨款对“屈斗宫古窑址”保护设施进行维修与建设，在德化窑址上方加盖了一个近 400 平方米大的保护棚，避免屈斗宫德化窑址被风吹日晒。1999 年 11 月，县文体局邀请国家文物研究所、省文物处及省博物馆等单位专家，到德化论证屈斗宫保护规划。2007 年，屈斗宫德化窑址被列入国家文化事业“十一五”重点工程项目——第二批《“十一五”国家重要大遗址保护规划纲要》的 64 处重要大遗址之一。重要大遗址屈斗宫德化窑址保护工作主要是进行德化窑遗址考古调查、地质勘查、范围测量等工作，完成德化窑遗址保护范围 GPS 点定点及建设控制地带划定，树立界桩 356 个。屈斗宫德化窑遗址保护规划的保护区划总面积 79.68 公顷，其中保护范围面积 26.98 公顷，建设控制地带范围 52.70 公顷。

2014 年，《屈斗宫德化窑遗址文物保护总体规划》完成，规划综合考虑屈斗宫德化窑遗址展示与利用要求，规划形成“两区两馆”的展示结构。“两区”即屈斗宫窑址公园展示区、梅岭古窑址展示区；“两馆”即屈斗宫德化窑博物馆、陶瓷标本陈列馆。屈斗宫窑址公园将打造以德化窑、德化瓷为主题，集博览展示、参观游览、民间信仰、城市休闲为一体的综合性城市公园，同时宣传德化窑悠久的烧瓷历史和灿烂的陶瓷文化。

德化瓷

“中国白”瓷 明代，德化浔中瓷民采用优质高岭土等原料经过反复研制实验，生产出瓷质致密、滑腻如脂，整体晶莹剔透的新瓷种，产品销往国际市场，被视为珍品而

“中国白”瓷器（一）

“中国白”瓷器（二）

日用瓷（一）

日用瓷（二）

竞相购藏，外国人称为“中国白”。在烧制的过程，由于受当时条件限制，未能充分掌握原料的化学构成和完全控制烧成温度，在烧成温度不完全一致的情况下，烧成产品瓷质相同，釉色略有不同，又分别称为象牙白、猪油白、孩儿红等。

象牙白是明代德化白瓷中的珍品，瓷色白中蕴黄，宛如象牙，故名象牙白或称象牙瓷。

猪油白也是明代德化白瓷珍品，其釉质莹厚细腻，润如油脂，胎白质坚，胎釉结合紧密。

明代的孩儿红更珍贵，被称为德化窑白瓷中的极品。它是器物在高温烧成时由于窑内位置或温度不同，在特殊情况下偶尔产生窑变的产品，其釉面莹润光亮，白中蕴红，看上去犹如婴儿粉嫩透红的肌肤。成者甚少，传世更稀。

高白瓷 南宋时期，德化窑场制出白度较高的白瓷。1956 年，位于浔中境内的国营瓷厂——德化新建瓷厂采用金竹坑高岭土、观音岐优质瓷石、仙游长石等原料反复试制，于 1958 年研制成功。产品以高温还原烧成，胎质细腻坚致，釉色雪白，胎釉一体，经轻工业部测定白度为 88.8 度。1959 年，德化瓷厂亦成功研制高白瓷。同年国庆节，选用高白瓷材料制作浮雕建兰杯茶具等，作为北京人民大会堂礼品瓷。高白瓷材料用于生产各种高级日用瓷、高档艺术瓷，制作的薄胎产品半透明性好，高雅美观。

建白瓷　德化窑生产的猪油白已经失传。1960 年，位于浔中镇境内的福建省轻工业研究所陶瓷研究室重新研制，1965 年获得成功，命名为建白瓷。建白瓷经氧化焰烧成，质如脂玉，色调柔美。由于瓷质较软，大件与平面产品易变形，初期仅应用于雕塑艺术和花瓶、香炉等陈设瓷与文具、酒具、茶具等小型实用瓷。1975 年，德化瓷厂改进配方并建成专用电热隧道窑，成功批量生产建白瓷高级中、西餐具。1984 年获轻工业部优质产品证书，1985 年获国家银质奖。

浔中境内多家民营陶瓷研究所也研制建白瓷，因采用材料和配方不同、烧成方法差异，出现瓷质相同、釉色略有不同的瓷种，经有关部门和专家鉴定，确认为同属建白瓷系列，其中有德化莹玉艺术陶瓷研究所研制的孩儿红、莹玉红和莹玉白，德化爱德华陶瓷研究所的玉白瓷，德化金珠陶瓷研究所的珠白瓷，德化明龙陶瓷研究所的玉脂瓷，德化星月陶瓷研究所的冻玉瓷等。

建白瓷瓷雕

清代青花瓷茶叶罐

青花瓷 明代中晚期，浔中瓷民开始烧制青花瓷器。青花瓷使用富含氧化钴的矿物为颜料，在瓷坯上进行彩绘装饰，再罩以透明釉，入窑高温烧成，是一种釉下彩绘，永不褪色，永不剥落，具有幽雅清新明快的艺术特色。清康熙、乾隆年间（1662—1795），德化青花瓷进入全盛时期，窑场达177处，以浔中地区一带最多、最密集，产品种类多、产量大，以日用瓷为主，主要有碗、碟、盘、瓶、香炉等。青花图案取材丰富多样，有人物、自然景物、动物和植物图案。当代，浔中境内陶瓷企业的青花瓷产品有花鸟花瓶、山水花瓶等，青花图案构图精美，画工精细，很有特色。青花装饰多用于高档瓷产品。

骨质瓷 20世纪80年代初，浔中陶瓷企业先后以磷酸钙做溶剂，配以高岭土、长石、石英等原料，研制生产骨质瓷，白度一般在80度以上，具有釉面光亮平滑、瓷质轻等优点。2007年，德化第五瓷厂经过三年多时间，研制出“自生釉骨瓷”。经陶瓷专家鉴定，产品在坯料配方、设计方面属于国内外首创，制造工艺方面有创新，在国际上处于领先地位。该产品被列入福建省科技研发与推广项目，获福建省科学技术二等奖，在第十七届全国发明展览会上获金奖。2013年获国家专利。

彩瓷 明代中晚期，浔中开始生产釉上彩瓷。先用手绘法勾勒出图案的轮廓，后按图案纹饰的需要，以平涂法将赤红、黄、绿、蓝、紫等带玻璃质料色釉施绘于瓷器的面上，在烤花炉中焙烧而成。清至民国时期，彩工精致，画面有黄、绿、红、蓝、紫五种颜色，所以又称五彩瓷。色彩以红、绿、黄居多，画面图案取材广泛，画风自然洒脱，朴素大方，构图简洁舒展，笔法自由豪放，富有浓厚的地方特色和生活气息。

明末清初，在五彩瓷的基础上，又研制生产出一种新的彩瓷，称粉彩瓷。其使用的颜料和彩绘的方法略有不同，装饰题材主要有花鸟和人物两大类，经过二次焙烧后的粉彩瓷，画面淡雅柔丽。

20 世纪 50 年代后，浔中境内的陶瓷厂使用粉彩技法创制各种花瓶、笔筒、茶具等。1998 年，德化第五瓷厂等研制生产釉下彩精陶，其色泽比清代的釉上彩瓷更亮丽，被国家经贸委确认为国家级新产品。2000 年后，浔中镇境内的多家陶瓷研究所和陶瓷公司也

自生釉骨质瓷展

彩瓷花瓶（一）

彩瓷花瓶（二）

“中华红”宝鼎

“中华红”大碗

先后研制出釉下彩新产品，并把产品推向市场。

“中华红”瓷 1994年，位于浔中的德化莹玉艺术陶瓷研究所研制出高温纯色大红釉瓷，色泽鲜艳，呈色均匀一致，高洁无瑕，红如辣椒，故名辣椒红。2000年，德化德艺陶瓷研究所研制的大红釉，色彩鲜艳夺目，后由全国人大常委会副委员长李铁映命名为“中华红”。用“中华红”精制各种高档艺术系列花瓶等艺术瓷产品，并运用精巧的漆线贴金或工笔描金等特艺技法装饰，作品华丽生辉，在市场上广受客人青睐。浔中境内的陶瓷研究所和企业也先后投入大量资金，组织专门人员，研制出色彩略有区别、亮度略有不同的多种大红釉瓷，其中有德化宏晟陶瓷有限公司研制的“鼎晟红”釉瓷，以及其他企业研制生产的“一品红”“富贵红”等。

西洋工艺瓷 明代，浔中陶瓷艺术家根据欧洲的艺术风格、民族风情，以手工制作陶瓷艺术品，并销往英国、荷兰、葡萄牙、西班牙等国家和地区，是“海上丝绸之路”的商品之一。

1985年，德化第五瓷厂厂长温克仁到比利时、荷兰和法国等地考察，引进“小天鹅”等西洋工艺品，并批量生产，当年创收100多万元人民币。在他的带动下，其他瓷厂也更新设备，改进技术，开发生产西洋工艺瓷，产品销往英国、美国、加拿大等100多个国家和地区。1995年，德化成为中国最大的西洋工艺瓷生产出口基地。浔中镇境内生产的西洋工艺瓷品种和产量均占全县总量的80%以上。

圣诞用品 有各种不同造型与动态的圣诞老人和装饰圣诞树的各式用品，包括圣诞节赠送儿童的玩具、圣诞老人、饼干罐、圣诞树杯、圣诞老人杯、圣诞壶等用品，还有

西洋工艺瓷品（一）

西洋工艺瓷品（二）

各种具有西方装饰艺术花纹图案的浮雕、通花、花口和彩饰蜡烛缸、蜡烛台、蜡烛罐、蜡烛碗等用品。

人物类 有写实手法塑造的耶稣、圣母、圣婴、天使和各种不同形态的小天使。典故人物有爱神、酒神、亚当、夏娃、维纳斯等；现代人物有爱侣、舞女、歌女，还有做操、玩球、游泳、拉小提琴、鸣笛、敲锣、打鼓等嬉戏儿童，以及各种滑稽的小丑、巫婆、小鬼和精巧的抽象人物等。

动物类 有造型精巧、形态生动的虎、狮、象、熊、雪熊、猩猩、猿猴、犀牛、斑马、袋鼠、野牛、羚羊、长颈鹿、鹿、狐狸、海狮、海豚、骆驼和牛、马、羊、猪、狗、猫、兔、鼠、鹅、鸭、鸡、鸽、企鹅、鸵鸟、天鹅、海鸥、孔雀、鸳鸯、鹰、雁、燕、雀等，还有各种鱼类、蛙类等动物。特别是穿戴衣服、鞋帽的猫、狗、猪、熊、猴、鸭等各种拟人化的动物玩具瓷产品备受欢迎。

陈设摆挂品 有各种形态逼真、色彩鲜艳的捏塑瓷花、仿真水果，造型美观、式样精巧的各式花篮、水果篮、水果盘，具有西洋造型和装饰艺术风格的花瓶、花插、花盆、相框、钟座，或组装成不同式样的风铃、水果、蔬菜类的串式挂件品。

实用品 有多种款式的成套西餐具，心形、椭圆形、鱼形、平盘等各种盘类，橄榄叶、圆碗、高煲、汤碗等各种碗类用品，奶杯、蛋杯、马克杯、挂杯、直挂杯、水杯、高杯、牛头杯、象头杯等各种杯类用品，黄油碟、兔碟、调味碟等各种碟类用品，雪人壶、牛壶、杏精壶、奶壶、茶壶等各种壶类用品；刷缸、鞋缸、车缸、天使缸、浮雕圆缸、天鹅缸、双鹅缸、鱼缸、叶形缸等各种缸类用品，密封罐、喷罐、饼干罐、椒盐罐、钱罐等各种罐类用品，浮雕、刻花各种不同造型的首饰盒，以及各种卫生用具等产品。

此外，还有小房屋、手推车、马车、铃铛、伴侣钟、小盆花、鸽舍和各种小人物玩具瓷产品。

瓷雕 浔中雕塑瓷始于宋，盛于元、明，用优质白瓷或陶泥制作成形态不一的神仙佛像、古今人物、飞禽走兽和花果菜蔬等作品，在中国陶瓷史上久负盛名。制作的技法有捏塑、浮雕、刻花、剔花、镂雕等。明代，德化最著名的瓷雕大师、浔中后所人何朝宗的达摩、观音塑像等作品，被故宫博物院珍藏。欧美地区和日本等地的博物馆也收藏有何朝宗的作品。德化流传至今的珍稀瓷雕有清代的古彩九龙花瓶、狻猊薰炉等。民国时期，苏学金的《梅花》获巴拿马万国博览会金奖；许友义的观音、达摩、花木兰、关公瓷雕作品先后在日本、英国等地举办的国际博览会上 4 次获特别奖和金奖，为仙游县龙纪寺制作的 500 尊瓷塑罗汉被列为省级保护文物。

瓷雕作品展览室（一）

瓷雕作品展览室（二）

中华人民共和国成立后，浔中镇瓷雕承先启后再创佳绩。1956年后，浔中有上百件瓷雕作品获国际性和国家级、省部级的各种奖项。1984年，陈其泰、陈明良、王其昌等创作的高1.25米千手千眼观音，在中国进出口商品交易会（广交会）上被美国博物馆购买收藏，并编入美国《1985年大事年鉴》。1990年后，浔中生产的瓷雕工艺品有菩萨、神仙、历史人物、古代仕女、小动物、花卉和小摆设等。其中邱双炯、柯宏荣、陈明良、陈桂玉等新秀，在继承传统艺术的基础上，不断改革创新，创作出许多高水平的艺术精品。

浔中镇境内制作的瓷雕和新研制的建白瓷、高白瓷被称为瓷坛“三朵金花”，在中高档陶瓷市场上广受顾客青睐。

1936—2014年浔中镇传统瓷雕艺术品获奖情况一览表

表4

年份	产品名称	生产单位或主创人员	获奖名称	授奖单位
1936	瓷雕：关云长观书	苏勤明	福建省古今陶瓷珍品展览品评会优等奖	
1940	釉彩笔筒	艺一瓷业社	福建省工商博览会特等奖	
1941	瓷雕：关云长像	苏勤明	福建省古今陶瓷珍品展览品评会优等奖	

续表 4

年份	产品名称	生产单位或主创人员	获奖名称	授奖单位
1981	白瓷开片釉	东濟瓷厂苏清河	福建省科学技术成果四等奖	福建省政府
1984	瓷塑：1.7 米立龙观音	德化工艺美术陶瓷厂许兴泽	中国工艺美术品百花奖金杯奖	国家质量奖审定委员会
1984	瓷塑：24 手观音	德化工艺美术陶瓷厂许兴林、许兴凯	中国工艺美术品百花奖银杯奖	国家质量奖审定委员会
1984	银丝釉、寄艳花瓶浮雕、芭蕉花瓶	德化东濟瓷厂苏清河	全国工艺美术陶瓷行业创新产品一等奖	轻工业部工艺美术总公司
1984	瓷塑：达摩过江	德化东濟瓷厂苏清河	全国工艺美术陶瓷行业创新产品二等奖	轻工业部工艺美术总公司
1984	窑变釉 14 英寸双龙花瓶	德化东濟瓷厂陈进宝	全国工艺美术陶瓷行业创新产品三等奖	轻工业部工艺美术总公司
1984	瓷塑：孔雀花屏	德化工艺美术陶瓷厂苏玉峰	全国工艺美术陶瓷行业创新产品二等奖	轻工业部工艺美术总公司
1984	瓷塑：飞天女十八罗汉朝观音	德化工艺美术陶瓷厂苏玉峰	全国工艺美术陶瓷行业创新产品三等奖	轻工业部工艺美术总公司
1984	瓷塑：关公骑马	德化龙浔陶瓷厂许金盾	全国工艺美术陶瓷行业创新产品三等奖	轻工业部工艺美术总公司
1984	瓷塑：飞天女	德化工艺美术陶瓷厂苏玉峰	中国工艺美术百花奖优秀创作设计二等奖	轻工业部
1984	14 英寸寄艳花瓶 14 英寸芭蕉花瓶	德化东濟瓷厂苏清河	中国工艺美术百花奖优秀创作设计二等奖	轻工业部
1991	工艺色瓷	德化县技术开发中心王金堆、苏清河、温克仁、李启煌、苏民主	“七五”全国星火计划成果博览会银奖	“七五”全国星火计划博览会
1992	玉白瓷	爱德华陶瓷研究所林睦殿	巴黎第 83 届国际发明博览会雷比那竞赛特别荣誉奖	
1992	玉白瓷	爱德华陶瓷研究所林睦殿	第一届中国专利新技术新产品博览会银奖	第一届中国专利新技术新产品博览会组织委员会
1992	莹玉红艺术瓷系列新产品	莹玉艺术陶瓷研究所苏清河	第一届中国专利新技术新产品博览会银奖	第一届中国专利新技术新产品博览会组织委员会
1992	稀土陶瓷捏塑抽象人物产品	德化县技术开发中心许兴泽、王金堆、苏清河、许兴美、颜启沮	福建省科学技术进步三等奖	福建省政府

续表 4

年份	产品名称	生产单位或主创人员	获奖名称	授奖单位
1992	工艺色瓷产品	德化县技术开发中心王金堆、苏清河、温克仁、李启煌、苏民主	福建省科学技术进步三等奖	福建省政府
1993	玉白瓷	爱德华陶瓷研究所 林睦殿	第二届中国专利新技术新产品博览会金奖	第二届中国专利新技术新产品博览会组织评审委员会
1993	莹玉红新瓷种艺术系列新产品	莹玉艺术陶瓷研究所 苏清河	第二届中国专利新技术新产品博览会金奖	第二届中国专利新技术新产品博览会组织评审委员会
1993	珠白瓷	金珠陶瓷研究所 王金堆	全国星火计划成果展销洽谈产品开发技术银奖	1993 全国星火计划成果展销洽谈会
1993	白云瓷	科达陶瓷研究所 许兴文	全国星火计划成果展销洽谈产品开发技术银奖	1993 全国星火计划成果展销洽谈会
1994	莹玉红艺术瓷系列产品	莹玉艺术陶瓷研究所 苏清河	第三届中国专利新技术新产品博览会金奖、特别金奖	第三届中国专利新技术新产品博览会组织评审委员会
1994	珠白瓷系列产品	金珠陶瓷研究所 王金堆	第三届中国专利新技术新产品博览会银奖	第三届中国专利新技术新产品博览会组织评审委员会
1994	珠白瓷系列产品	金珠陶瓷研究所 王金堆	中国星火计划国际研讨会暨星火科技和产品展示会金奖	国家科委星火办
1994	珠白瓷系列产品	金珠陶瓷研究所 王金堆	星火计划成果推广博览会金字塔奖	国家科委、埃及政府
1994	莹玉红新瓷种艺术系列产品	莹玉艺术陶瓷研究所 苏清河	第五届亚洲及太平洋国际贸易博览会银奖	第五届亚洲及太平洋国际贸易博览会组织委员会
1994	莹玉红艺术瓷系列新产品	莹玉艺术陶瓷研究所 苏清河	成都全国星火科技精品展示会金奖	1994 成都全国星火科技精品展示会
1994	象牙瓷“弥勒”系列产品	凤凰陶瓷雕塑研究所 邱双炯	成都全国星火科技精品展示会金奖	1994 成都全国星火科技精品展示会
1994	过江达摩系列产品	蕴玉陶瓷雕塑研究所 苏珠庄	成都全国星火科技精品展示会金奖	1994 成都全国星火科技精品展示会
1994	连环滴水观音系列新产品	艺星陶瓷研究所 李建水	成都全国星火科技精品展示会金奖	1994 成都全国星火科技精品展示会

续表 4

年份	产品名称	生产单位或主创人员	获奖名称	授奖单位
1994	莹玉红新瓷种	莹玉艺术陶瓷研究所苏清河	科学技术进步三等奖	福建省政府
1994	瓷塑：蒲松龄	宏益陶瓷雕塑研究所陈桂玉	全国第五届陶瓷艺术创作设计评比一等奖	中国陶瓷工业协会
1994	瓷塑：木兰卸妆	宏益陶瓷研究所陈桂玉	全国第五届陶瓷艺术创作设计评比二等奖	中国陶瓷工业协会
1994	变色鱼瓶	宏益陶瓷研究所柯宏荣、陈桂玉	首届科技之光新产品博览会金奖	中国科技之光新产品博览会组织委员会
1994	雪玉瓷瓷塑：披坐弥勒	精艺美术瓷研究所郑开明	首届科技之光新产品博览会金奖	中国科技之光新产品博览会组织委员会
1994	高白瓷塑：滴水观音	艺星陶瓷研究所李建水	首届科技之光新产品博览会金奖	中国科技之光新产品博览会组织委员会
1995	玉红瓷	爱德华陶瓷研究所林睦殿	中国十年优秀发明成果暨第九届发明展览会中国发明成果金杯奖	中国发明协会
1995	建白瓷塑：济公龙头香炉	永成瓷雕工艺美术研究所周雅各	中国专利十年成就展银奖	中国十年专利成就展组织、评审委员会
1995	轻质瓷系列产品	德化第五瓷厂厂长温克仁	中国专利十年成就展优秀奖	中国十年专利成就展组织、评审委员会
1995	轻质陶瓷	德化第五瓷厂厂长温克仁	第四届中国专利新技术新产品博览会优秀奖	第四届中国专利新技术新产品博览会组织评审委员会
1995	轻质白云瓷	德化科达陶瓷研究所李甲栈	中国民营科技企业科技成果和新产品（成都）博览会金奖	1995 中国民营科技企业科技成果和新产品（成都）博览会组织委员会
1995	白瓷水仙花神系列产品	祺山艺瓷研究所陈开张	中国民营科技企业科技成果和新产品（成都）博览会金奖	1995 中国民营科技企业科技成果和新产品（成都）博览会组织委员会
1995	白瓷素胎瓷塑：关公、木兰从军系列	宝源瓷塑工艺美术研究所许金盾、许成洲	中国民营科技企业科技成果和新产品（成都）博览会金奖	1995 中国民营科技企业科技成果和新产品（成都）博览会组织委员会
1996	高瓷质、节能稀土陶瓷系列新产品	德化县技术开发中心苏清河、王金堆、王冠英、许兴泽、颜启沮	福建省科学技术进步三等奖	福建省政府
1996	素白瓷雕	飞天艺术陶瓷研究所郑雄伟	第五届中国专利新技术新产品博览会金奖	第五届中国专利新技术新产品博览会组织评审委员会

续表 4

年份	产品名称	生产单位或主创人员	获奖名称	授奖单位
1996	华玉瓷系列产品	德化陶瓷原料开发应用研究所苏克兵	星火计划实施十周年暨“八五”农业科技攻关成果博览会优秀奖	星火计划实施十周年暨“八五”农业科技攻关成果博览会
1996	晶白瓷传统瓷雕系列产品	振兴陶瓷研究所林少伟	星火计划实施十周年暨“八五”农业科技攻关成果博览会优秀奖	星火计划实施十周年暨“八五”农业科技攻关成果博览会
1996	瓷雕系列产品	华达陶瓷研究所李甲栈	首届中国质量与经济开发研讨会中国质量杯	首届中国质量与经济开发研讨会组委会
1998	釉下彩轻质瓷	德化第五瓷厂厂长温克仁	金字塔奖	科学技术部、埃及社会发展基金会
1998	喷沙瓷	德化典雅工艺陶瓷制品厂赵建闽	金字塔奖	科学技术部、埃及社会发展基金会
1998	釉下彩精陶	德化第五瓷厂厂长温克仁等	1997 年度福建省优秀新产品三等奖	福建省政府
1998	釉下彩精陶	德化第五瓷厂厂长温克仁等	国家级新产品	国家经济贸易委员会
1998	瓷塑：贵妃出浴	凤凰陶瓷研究所邱双炯	第六届全国陶瓷艺术设计创新评比评委纪念奖	国家轻工业局
1999	瓷塑：盘古开天地	凤池艺雕研究所陈明良	中国国家级工艺美术大师精品展暨中国优秀工艺美术作品评选银奖	中国工艺美术学会、中国工艺美术优秀作品评审委员会
1999	瓷塑：八仙过海	凤池艺雕研究所陈明良	中国国家级工艺美术大师精品展暨中国优秀工艺美术作品评选铜奖	中国工艺美术学会、中国工艺美术优秀作品评审委员会
1999	瓷塑：荷女	凤池艺雕研究所陈明良	中国国家级工艺美术大师精品展暨中国优秀工艺美术作品评选优秀奖	中国工艺美术学会、中国工艺美术优秀作品评审委员会
1999	高耐热陶瓷煲	冠峰耐热瓷有限公司	第十二届全国发明展览会优秀新产品金奖	第十二届全国发明展览会评奖部
2000	瓷塑：薄胎圣观音	凤凰陶瓷雕塑研究所邱双炯	中国第三届工艺美术精品博览会中国工艺美术银奖	中国轻工业联合会、中国工艺美术精品博览会组委会
2001	瓷塑：坐莲观音	永宏陶瓷工艺美术研究所冠贵体	第四届中国民族民间工艺品旅纪念品收藏品交易博览会产品质量金奖	第四届中国民族民间工艺品旅游纪念品收藏品交易博览会组委会

续表 4

年份	产品名称	生产单位或主创人员	获奖名称	授奖单位
2001	玉脂瓷系列产品	明龙极品瓷研究所邓明龙	第四届中国民族民间工艺品旅游纪念品收藏品交易博览会产品质量金奖	第四届中国民族民间工艺品旅游纪念品收藏品交易博览会组委会
2001	天问	宏益陶瓷雕塑研究所柯宏荣、陈桂玉	第一届全国陶瓷艺术与设计展览和评比优秀奖	中国美术家协会陶瓷艺术委员会
2001	薄胎圣观音	凤凰陶瓷雕塑研究所邱双炯	中国第三届工艺美术精品博览会中国工艺美术银奖	中国轻工业联合会中国工艺美术精品博览会组委会
2004	大刀关公	凤凰陶瓷雕塑研究所邱双炯	第六届中国（国家级）工艺美术大师精品博览会中国工艺美术传统艺术金奖	中国轻工业联合会中国工艺美术精品博览会组委会
2005	卓文君听琴	凤凰陶瓷雕塑研究所邱双炯	第四届福建省工艺美术精品“争艳杯”大赛铜奖	福建省经济贸易委员会福建省城镇集体工业联合社
2006	月芽泉	凤凰陶瓷雕塑研究所邱双炯	2006 年“百花奖”中国工艺美术精品奖金奖	
2006	天女散花	凤凰陶瓷雕塑研究所邱双炯	中国手工艺精品博览会“华茂杯”金奖	中国工艺美术学会
2006	寿星	宏益陶瓷雕塑研究所陈桂玉	中国手工艺精品博览会“华茂杯”银奖	中国工艺美术学会
2008	快乐弥勒	凤凰陶瓷雕塑研究所邱双炯	联合国教科文组织国际陶瓷协会第 43 届国际陶艺大会优秀作品奖	中国陶瓷工业协会国际陶艺学会会员大会组委会
2008	班昭	凤凰陶瓷雕塑研究所邱双炯	第八届中国（国家级）工艺美术大师精品博览会中国工艺美术金奖	中国轻工业联合会中国工艺美术大师精品博览会组委会
2008	圣观音	凤凰陶瓷雕塑研究所邱双炯	奥林匹克之旅——中华民族艺术珍品文化节评为“中华民族艺术珍品”	国家文物局
2008	十八罗汉	凤凰陶瓷雕塑研究所邱双炯	中国收藏艺术精品博览会评为“优秀收藏品”	中国收藏家协会
2008	十八罗汉	凤凰陶瓷雕塑研究所邱双炯	“海丝杯”美术陶瓷作品展评金奖	中国工艺美术协会福建省经济贸易委员会泉州市人民政府福建城镇集体工业联合社
2009	十八罗汉	凤凰陶瓷雕塑研究所邱双炯	荣选第二届世界佛教论坛天花漫·中国工艺美术大师佛教艺术珍品	中国宗教文化交流协会中国佛教协会中国工艺美术协会

续表 4

年份	产品名称	生产单位或主创人员	获奖名称	授奖单位
2010	高山流水觅知音	福建省德化坤恒工艺品有限公司	中国美术百花奖优秀作品最佳创意奖	
2011	沉思达摩	福建省德化坤恒工艺品有限公司	第六届中国北京国际文化创意产业博览会评比金奖	
2011	江山多娇	福建省德化坤恒工艺品有限公司	第十届中国（国家级）工艺美术大师精品博览会金奖	
2011	对弈	福建省德化坤恒工艺品有限公司	第六届中国海峡工艺博览会优秀作品金奖	
2011	火鼎公婆	福建省德化坤恒工艺品有限公司	第三届福建省陶瓷艺术设计创新评比金奖	
2011	惠安女	福建省德化坤恒工艺品有限公司	第五届中国工艺美术博览会评比金奖	
2011	拍胸舞竹林七贤	福建省德化坤垣工艺品有限公司	福建省文明交通杯、艺术陶瓷版权大赛金奖	
2011	拍胸舞	福建省德化坤垣工艺品有限公司	第九届全国陶瓷艺术设计创新评比银奖	
2011	漓江春晓	凤凰陶瓷雕塑研究所邱双炯	第四届中国（南宁）国家级工艺美术精品博览会金奖	中国工艺美术协会
2011	如意弥勒	凤凰陶瓷雕塑研究所邱双炯	第六届福建省工艺美术精品“争艳杯”大赛优秀奖	福建省经济贸易委员会福建省城镇集体工业联合社
2011	昇平舞	凤凰陶瓷雕塑研究所邱双炯	第六届福建省工艺美术精品“争艳杯”大赛优秀奖	福建省经济贸易委员会福建省城镇集体工业联合社
2012	一苇渡江	福建省德化坤恒工艺品有限公司	中国美术“百花奖”评比金奖	
2012	渡江达摩	福建省德化坤恒工艺品有限公司	第七届中国海峡工艺品博览会优秀作品评比金奖	
2013	金陵十二钗	凤凰陶瓷雕塑研究所邱双炯	第六届海峡两岸（厦门）文化产业博览交易会金奖	中国工艺美术学会台湾工艺之家协会
2014	十八罗汉	凤凰陶瓷雕塑研究所邱双炯	第七届海峡两岸（厦门）文化产业博览交易会金奖	中国工艺美术学会台湾工艺之家协会

骑鹿罗汉

喜庆罗汉

举钵罗汉

托塔罗汉

静坐罗汉

过江罗汉

骑象罗汉

笑狮罗汉

开心罗汉

邱双炯作品《十八罗汉》(一)

探手罗汉

沉思罗汉

挖耳罗汉

布袋罗汉

芭蕉罗汉

看门罗汉

长眉罗汉

降龙罗汉

伏虎罗汉

邱双炯作品《十八罗汉》(二)

名瓷收藏

国内收藏

故宫博物院 故宫博物院收藏有德化窑宋元时期的盒、盘、杯、洗、瓶等；明代浔中的何朝宗款达摩1尊、观音数尊、鹤鹿老人1尊，还有盒、碗、瓶、壶、灯、炉等，以及少量清代、民国时期的德化窑珍品。

南京博物院 20世纪50年代初，南京博物院的考古专家宋伯胤到德化浔中等进行考古调查。该院的德化窑主要藏品有观音、达摩、碗、盘、杯、碟等，其中有浔中历代名师的作品以及出土的文物标本。

重庆市博物馆 重庆市博物馆的前身是西南博物馆，收藏德化窑明清白瓷100余件。主要器型有炉、瓶、杯、塑像等，其中有浔中历代生产的产品，尤以“宣德”“成化”款的几件香炉最为珍贵。

台北故宫博物院 台北故宫博物院所收藏的德化窑瓷主要是皇宫内使用的器具。主要藏品有宫内供奉的观音、达摩、炉、盒、杯、灯等日用器具，以及一些观赏用的陈设瓷，其中有浔中历代名师的多件作品。

福建博物院 该院收藏德化屈斗宫窑和盖德乡的碗坪崙窑文物标本1万多件。此外，还有从民间征集和接受海内外捐赠的一批德化窑文物，主要有各个时期的碗、盘、杯、碟、盏、灯和雕塑品。雕塑作品中有一部分是出自浔中历代名师之手，颇为珍贵。

厦门市博物馆 该馆收藏有德化窑瓷100余件，浔中镇古窑址出土的标本文物数十件，其中有18件极为珍贵的纪年器，包括明万历二十四年（1596）的狮耳瓶，崇祯十四年（1641）的墓志铭，清乾隆十七年（1752）的印模，道光七年（1827）的砚台，1944年的油灯等。

达摩

妈祖

佛像

泉州海外交通史博物馆 该馆收藏有各个历史时期泉州海外交通史迹考古发掘和民间收藏征集的德化窑陶瓷文物，明代浔中何朝宗款的一尊象牙白瓷塑观音造像最为珍贵。

德化县陶瓷博物馆 位于浔中镇区，收藏有新石器时代、唐、宋、元、明、清、民国、近现代的德化陶瓷文物标本数千件，其中，浔中镇内出土的陶瓷标本占多数，何朝宗的瓷雕作品《文昌帝君》是镇馆之宝。

唐·盘口壶

元·三系罐

南宋·荷口瓶　　北宋粉盒（上）、大碗（下）　　清·纹盘

明·五彩瓶

民国·五彩茶壶

国外收藏

英国大英博物馆　19世纪中期，大英博物馆就开始收藏德化窑的瓷器，当时就有德化藏品175件，展出的有38件。后来，英国大收藏家P.J.唐纳利把毕生收藏的德化瓷捐赠给大英博物馆，使该馆成为欧洲收藏德化瓷种类最齐全的博物馆之一，主要藏品有

各种日用和陈设器具，浔中境内生产的瓷器占有较大分量，其中明代何朝宗及历代艺术大师的作品尤为珍贵。

德国约翰尼大美术馆　它是世界收藏品最多的博物馆之一，也是收藏“中国白”数量最多的博物馆，建立时已达500件以上，主要藏品有瓷塑、炉、瓶、碗、杯、碟等，其中浔中境内制作的藏品占多数。

新加坡亚洲文明博物馆　亚洲文明博物馆建于1991年。德化窑瓷主要藏品有碗、碟、炉、壶、盒、杯，以及历代陶瓷雕塑大师们的作品和外销瓷组雕等。

美国罗波特私人收藏馆　该馆由美国德化窑瓷收藏家罗波特创立，专门收集德化窑的白瓷，主要藏品有盒、炉、瓶、壶、杯、观音、达摩等，以雕塑人物为主，其中浔中境内生产的藏品占多数，一件带年款的何朝宗款观音最为珍贵。

新加坡帕米乐·希莉私人收藏馆　帕米乐·希莉于1918年出生于新加坡，是东南亚陶瓷学会发起人之一，1996—1999年被选为该会会长。她与丈夫弗兰克共同征集收藏，建立了世界上德化白瓷品种最丰富多样的私人收藏馆。主要藏品有观音、达摩、弥勒、文昌、西洋人物组雕、盒、瓶、壶、洗、罐、狮子、小动物、瓷印、炉、杯、灯、盘等，其中浔中境内生产和历代瓷雕艺术大师们制作的藏品占多数。

大英博物馆收藏的人物塑像

大英博物馆收藏的粉盒

浔中镇古瓷（部分）收藏情况一览表

表 5

收藏单位	地点	藏品年代	藏品	备注
广东省博物馆	中国广州	宋、元、明、清	人物、佛像、炉、碗、盘、碟、杯、洗、灯盏、烛台、瓶、罐、茶壶、印章、笔筒、玩具等	有何朝宗、张寿山、陈伟、林希宗、许云麟、许世华、博及渔人、许裕源、联谊轩、何朝春、珍和金记等款识的藏品
上海博物馆	中国上海	宋、元、明、清	人物、佛像、炉、瓶、杯、碗、洗、罐等	有明万历、天启的纪年器
维多利亚·阿尔伯特博物馆	英国伦敦	宋、元、明、清	瓶、盒、人物、佛像、壶等	有何朝宗款观音
苏格兰皇家博物馆	英国爱丁堡	宋、元、明、清	人物、瓶、炉、壶、杯、盘、洗等	
约翰尼大美术馆	德国德累斯顿	宋、元、明、清	杯、壶、炉、瓶、洗、盘、水注、人物、佛像等	
安溪县博物馆	中国福建	宋、元、明、清、民国	杯、佛像、瓶、炉、瓷墓志、瓷砖等	有康熙年制及民国纪年器
阿斯莫林博物馆	英国牛津	宋、元、明、清、民国	炉、瓶、壶、人物、佛像、洗、盒等	有何朝宗款观音
布雷尼汉宫	英国牛津	元、明	杯子、欧洲人物塑像、佛像、炉、瓶、壶等	原英国首相丘吉尔家族的私人收藏馆
奥斯陆国家博物馆	挪威奥斯陆	元、明、清	杯、炉、瓶、人物、佛像等	
哥本哈根国家博物馆	丹麦哥本哈根	元、明、清	杯、壶、炉、洗、瓶、人物、佛像等	藏品目录中最早的为清康熙二十九年（1690）
布鲁塞尔皇家艺术博物馆	比利时布鲁塞尔	元、明、清	炉、瓶、杯、人物、佛像等	
迈耶美术馆	比利时布鲁塞尔	明	人物、佛像等	
瓦兹沃斯雅典娜神殿	美国康涅狄格州	明	佛像	
斯里·霍罗大厦	美国纽约	明	欧洲人物	私人收藏
新乡市博物馆	中国河南	明、清	人物、炉、杯、佛像等	有明天启纪年款的藏品
安阳市博物馆	中国河南	明、清	壶、瓷狮等	
河南省文物店	中国河南	明、清	佛像	
安徽省博物馆	中国安徽	明、清	观音瓷像、达摩塑像、杯、瓶、炉	

续表 5

收藏单位	地点	藏品年代	藏品	备注
戴维基金会	英国伦敦	明、清	瓶、炉、佛像、水注、盒、碗、盘、洗等	多件何朝宗款观音及其他匠师款作品
菲茨威廉博物馆	英国剑桥	明、清	炉、壶、瓶、杯等	
城市美术陈列馆	英国格拉斯哥	明、清	瓶、壶、人物、杯等	
东亚博物馆	瑞典斯德哥尔摩	明、清	炉、杯、瓶等	有纪年器
东印度公司博物馆	瑞典哥德堡	明、清	炉、瓶、杯、壶、人物、佛像等	有断代的依据“哥德堡号”沉船沉没年代的器物
罗兹博物馆	瑞典哥德堡	明、清	壶、杯、炉、人物等	
德罗宁宫中国楼	瑞典斯德哥尔摩	明、清	瓶、杯、壶、人物等	皇家宅邸藏品，1976 年开始陈列
卡尔・肯贝美术馆	瑞典斯德哥尔摩	明、清	人物、佛像、杯、碟、瓶、壶、炉等	世界著名的私人美术馆之一
国家艺术博物馆	挪威奥斯陆	明、清	碗、杯、碟、洗、人物等	
威特兰科・康期丁达利博物馆	挪威卑尔根	明、清	杯、瓶、壶、人物、佛像等	有何朝宗款观音
哥本哈根工艺博物馆	丹麦哥本哈根	明、清	杯、瓶等	
雷克斯博物馆	荷兰阿姆斯特丹	明、清	杯、瓶、炉、人物等	
博依曼斯博物馆	荷兰鹿特丹	明、清	杯、洗、瓶等	
海牙市博物馆	荷兰海牙	明、清	瓶、壶、炉、人物等	
人类文化学博物馆	荷兰里登	明、清	杯、瓶、炉、人物、佛像等	
格罗宁格博物馆	荷兰格罗宁根	明、清	杯、炉、人物等	
普林西霍夫博物馆	荷兰吕代登	明、清	杯、碗、洗、瓶等	
科罗勒・沐勒博物馆	荷兰奥特鲁	明、清	瓶、炉、洗、杯等	
国家博物馆	比利时马里门特	明、清	瓶、杯、壶、炉等	
沐西国家博物馆	比利时列日	明、清	瓶、杯等	
茨维格博物馆	德国茨维格	明、清	杯、炉、人物等	
夏洛登堡博物馆	德国夏洛登堡	明、清	杯、炉、瓶等	
菲尔・昆斯德维克博物馆	德国法兰克福	明、清	炉、杯、碗、瓶、人物等	
昆特韦伯博物馆	德国科隆	明、清	杯、瓶、人物等	
卡赛尔博物馆	德国卡塞尔	明、清	杯、炉、瓶、人物等	
亨兹恩斯博物馆	德国杜塞尔多夫	明、清	炉、瓶、杯、壶等	

续表 5

收藏单位	地点	藏品年代	藏品	备注
菲尔·昆斯特格韦伯博物馆	德国汉堡	明、清	炉、瓶、杯、壶、人物、佛像	其中两件有影响的作品放在布卢姆美术馆
奎米特博物馆	法国巴黎	明、清	炉、瓶、杯、壶、盘、洗、人物、佛像等	
波士顿美术博物馆	美国马萨诸塞州	明、清	炉、杯、碟、瓶、佛像等	有何朝宗款的瓷塑
弗里尔美术馆	美国华盛顿州	明、清	炉、杯、瓶、佛像等	
巴尔的摩瓦尔特美术馆	美国马里兰州	明、清	杯、炉、瓶等	
纽约市博物馆	美国纽约州	明、清	杯、炉、人物、佛像等	
芝加哥美术馆	美国芝加哥	明、清	炉、杯、壶、人物等	
国家历史博物馆	美国纽约州	明、清	杯、壶、瓶、炉、佛像等	
费城艺术博物馆	美国宾夕法尼亚州	明、清	瓶、炉、杯、人物等	
西雅图艺术馆	美国华盛顿州	明、清	杯、瓶、炉等	
德扬博物馆	美国加利福尼亚州	明、清	杯、炉、壶等	
皇家安大略博物馆	加拿大多伦多	明、清	杯、炉、人物、佛像等	
蒙特利尔市博物馆	加拿大魁北克	明、清	杯、炉、瓶等	
辽宁省博物馆	中国辽宁	明、清、民国	炉、笔筒、盆、杯、人物、佛像等	有“何”款识藏品，及大明宣德、清朝嘉庆制的纪年器
重庆市博物馆	中国重庆	明、清、民国	炉、瓶、杯、佛像等	有大明宣德年制、大明成化年制、宣德年制的纪年款及益寿、逋古折简、闇之、何朝宗等的款识
城市美术陈列馆	英国布里斯托尔	明、清、民国	炉、瓶、佛像等	

制瓷工艺

陶瓷是土与火的艺术。在千年的薪火传承中，浔中镇人民创造了“瓷的世界”。“中国白”如脂似玉，被誉为“国际瓷坛的明珠”。每一件瓷器从瓷土矿开采、原材料制作、手工操作、窑温掌控、彩绘装饰，直至精装打扮、护送到客户手中，无不充满陶瓷技术员和工人，尤其是艺术大师们的心血和智慧。是他们用匠心打开泥土的奥妙，用慧眼识透火中的秘籍，用灵巧的双手催开瓷坛争奇斗艳的百花。

瓷土资源开采

瓷土矿资源 浔中镇境内的观音岐（原称白泥岐）海拔 738 米，占地 7 平方千米，瓷土矿蕴藏量大、质优，历来是德化名瓷主要原料产地之一，由浔中镇的乐陶、瑶台和三班镇的泗滨等窑场的瓷民共同开采。明万历年间（1573—1620），乐陶、瑶台等窑场瓷民在白泥岐建碧象岩，请瓷艺大师何朝宗塑观音菩萨像供奉。从此，白泥岐便称观音岐。观音岐附近的小岭山、兔仔山、侍郎寨、车碓岭等山峰，均富藏瓷土矿，包括釉石矿、中低温瓷石矿等，还有轻质土、红壤、紫砂土等陶瓷原料资源。此外，浔中镇的祖厝、石鼓、仙境等村，也蕴藏大量的瓷土矿，质量好，易开采。20 世纪 80 年代，浔中车碓岭东侧等低温瓷石矿除供应德化县内瓷厂生产外，还销往福建南安、晋江等地。

瓷土矿开采 唐代，浔中瓷民开始开采观音岐瓷土矿，乐陶、瑶台、东头等村落的瓷民利用观音岐优质瓷土烧制瓷器。宋元时期，观音岐瓷土矿是德化瓷器生产的主要原料基地。明清至民国时期，又发现并开采仙境、祖厝等村瓷土矿。

1962 年，浔中人民公社创办瓷土矿开采企业——浔中公社瓷土矿，1982 年收归县矿产部门管理。1989 年，德化县在浔中设置矿产管理站，制定开采规划，对观音岐等高岭土限量开采，实行专业化管理，提高资源利用率，并与环境保护相结合，确保资源开采利用的可持续性。1995 年，浔中镇矿产开采企业开始到外县、外省开采瓷土矿，以满足陶瓷业迅速发展的需要。2006 年，乐陶村村民颜春城等在云南省西双版纳创建“万祥矿业有限公司”，开采高岭土，年产量 10 万吨，产值 5000 多万元，成为德化县生产高档建白瓷的主要原料基地。

瓷土开采

瓷土加工

拉坯修坯

制模压坯

雕塑造型

釉下彩绘

上釉干燥

装窑

成品选瓷

原料配制

配料 秦汉时期，浔中瓷民用单方瓷土生产瓷器。唐宋元时期，采用浔中与三班交界的观音岐瓷土、瓷石矿生产高白度的瓷器。明代至民国时期，仍以观音岐瓷土和瓷石矿生产白瓷。瓷土或瓷矿石经过遴选，将瓷土矿中含有的杂质和铁摒弃，取其精华，送到车间粉碎加工，然后与同样粉碎的石英、钾长石、石灰石、叶蜡石等按一定的比例即配方进行配制。1960 年以后，浔中镇瓷厂利用先进的科技手段，对每一矿点的瓷土、瓷矿石进行化验，分析出三氧化二铝、二氧化硅、三氧化二铁、二氧化钛、氧化锰、氧化镁、氧化钾、氧化钠等含量，然后依据配方与其他原料进行配制和加工。瓷釉配制还需增加硼酸盐、碳酸盐等化工原料，配制方法与瓷坯原料也略有不同。各厂家使用的原料和配方也不尽一致，而且随着科学技术的发展进步不断创新，有的厂家还拥有专利。

粉碎 唐代，浔中瓷民用木槌把瓷土舂成粉，或用脚踏碓人工粉碎瓷土。宋代，改用水力作动力的“鸭母碓”粉碎，既提高了工效，又减轻了劳动强度。明清时，大

粉碎瓷土的古水车

瓷土粉碎车间

水牛踩踏瓷泥

量使用淋头水车碓，拖底式水车碓和大轮水车加工粉碎，一部水车同时可以带动 2 ~ 4 个碓杆，加工效率成倍提高。后来，有的瓷民利用小溪流水的落差建冲顶式水车碓，或在浐溪两岸建拖底式水车碓，一部水车碓 24 小时可粉碎瓷土 1 ~ 3 吨。20 世纪 50 年代，开始用电力车碓加工瓷土。1960 年后开始使用球磨机、雷蒙机粉碎瓷土，其容量可达 8 ~ 10 吨。

淘洗成泥 把粉碎的瓷土放入水池，用锄头搅拌，使渣与粉末分离，再用杓戽淘洗，用溢流法使泥浆沉淀，然后把泥浆移到土堀，通过吸水砖吸水或自然脱水成泥。成泥后用锄头翻搅、铁锹拍打，或用手揉捻、捏练，或用脚踩踏、用水牛踩踏成泥，即成制瓷泥料，再经陈腐后送到瓷器成型车间。

中华人民共和国成立后，瓷泥加工工序不断改进，逐步配备自动筛土机、活水淘洗机等半机械化、机械化加工设备。20 世纪 80 年代，把瓷石的粉末放进土堀，用高压打水枪冲洗，使沙质沉淀，浮在上面的泥浆用水泵抽出，以 180 ~ 320 目的筛分离，沙头再回到土堀，泥浆流入浆池沉淀，然后用泥浆泵把泥浆送到压滤机，去水成坯土。自动化较高的厂家，从瓷土加工到成型均采用流水线生产。瓷土靠外加工的厂家，必须把购进的坯土放在土堀中搅拌，根据需要按比例加上增塑剂腐酸钠、聚乙烯醇和解化剂、絮凝济化合物，搅拌成泥浆，方可做瓷器成型用。有的用泥浆泵把泥浆抽送到压泥机，压去多余水分，保持适当温度然后使用。

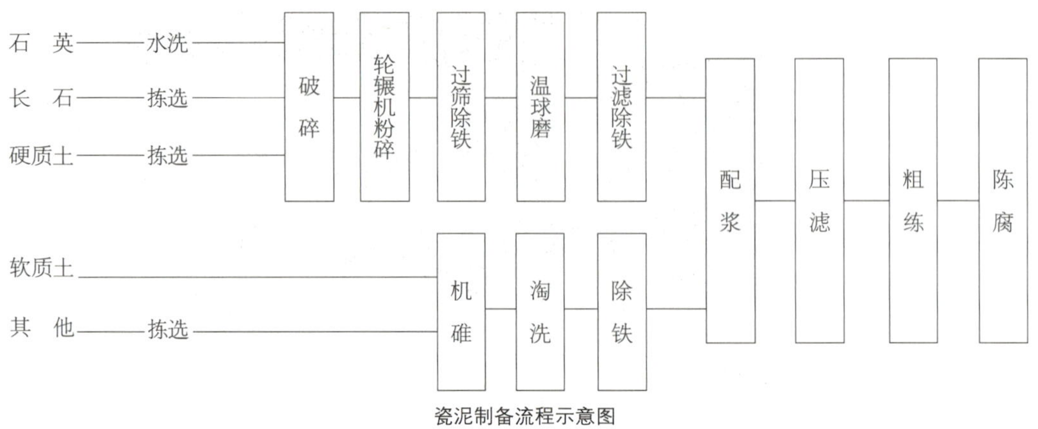

瓷泥制备流程示意图

瓷坯成型

轮制成型 唐代，浔中开始用轮制成型。将泥料放在可以转动的轮盘上，以脚、手拨动，借轮盘旋转力量制作各种圆形的陶瓷器物或对陶器进行加工。制作缸钵一次成型，大件陶缸上下二节粘接，大缸底用轮制手拉成型后移放木砧候干，用坯土盘接成型，并保持适当温度，拍打夯实，印打花纹。

手拉坯成型 手拉坯成型是与轮制成型密切相关的一种成型方法。即拉制陶器坯，用一土一坯制法，即先将泥团底部沾上谷壳灰，投置在转盘中心，用右脚拨动陶轮车，使之匀速旋转，双手沾适量水，把泥团徐徐拉压，按器物形状拉制成坯体。操作时，除用双手拉压外，还用刮板、篾箍、签穿等技艺进行修整。拉制后的坯体移出转盘，稍干后，再用手工粘接配件，刮修定型。拉制瓷器坯（俗称细瓷）为一土多坯制法，其轮车与陶轮车结构基本相同，模印轮车辐为内凹沟，便于用脚踢动旋转瓷轮，车轮辐较小，且平坦，上装一拉手，以左手拉动。拉制坯、碟、碗、盆时，将坯泥堆于转盘上，抟拍成塔状，手拉轮车转动，双手沾适量水，把坯土上下反复拉压，用辅助工

手拉坯成型（一）

手拉坯成型（二）

具削角、溜叶、篾弓、括仔，通过“一翻”“二溜”“三括底”的运作技巧，拉制成型。稍后，继续操作。坯体干燥到一定程度，以大小弯刀旋括修整坯体，直至成型。手拉坯成型小者可拉成一个杯子，仅 0.3 毫米厚，透过杯子可以看见杯子内的水；大者可拉成一个碗，甚至特大型碗、缸等。在手拉坯成型基础上，配以轮车等机械，用轮车旋印和手压印制器物。

21 世纪初，日本客商到德化订制酒坛、花盆等产品，特地要求用手拉坯成型。

2011 年，福建冠福家用股份有限公司烧制出一个大型瓷碗，直径 100 厘米、高 50 厘米，是当时德化最大的手拉坯高温红釉手绘瓷碗，填补了德化没有烧制大型红釉瓷碗的空白。

模印成型　魏晋时期，为适应大批量生产的需要，在手拉坯基础上，浔中瓷民又创新了轮车旋印和手压印制两种成型方法，后来统称为模印成型。轮车旋印，有一压、二钩、三签、四粘的传统技法。即把土块纳入模印压实，再放置轮车中心校正，右脚拨动轮车旋转，手指沾水将模内坯体余泥钩出，签去边缘余泥，候干脱模，再用粘接等技法，制作成器物的坯体；手压印制，即把适量坯泥放入模印内，用手指捏、推、修后脱

模印成型车间

模，再用粘、接、贴、镂、修等技法，使器物成型。

注浆成型 1936 年，德化从江西、湖南引进注浆成型工艺，即把瓷泥注入石膏模具，通过吸水、干燥后成型，其工艺分空心注浆和实心注浆两种。空心注浆主要用于壶类、瓶类、人物雕塑或其他异型制品，实心注浆一般用于特种盘类。20 世纪 40 年代，浔中的东头、宝美、乐陶等窑场推广使用。50 年代，德化全县普遍采用。60 年代，浔中有的瓷厂把泥浆放在高处，通过管道把瓷泥浆注入石膏模后成型；有的瓷厂采用压力机把瓷泥注入石膏模成型，提高生产效率。

等静压成型 把加工好的瓷泥，通过喷雾干燥塔制成具有大、中、小颗粒状的坯料，加入粘结添加剂，其含水量不得超过 3%。瓷土颗粒通过输送带自动送到钢制模具后，用 1000 吨压力的压力机把颗粒压成坯。其坯体不要干燥、不要修坯，可直接上釉。20 世纪 90 年代，浔中境内较大型瓷厂均采用等静压制作技术成型。

注浆成型车间

20 世纪 90 年代后，浔中境内大中型陶瓷企业引进和推广先进制作技术，用机械成型代替手工成型，包括旋压成型、滚压成型、干压成型等半自动化、自动化成型技术，以适应大规模生产的需要，但还保留手拉坯成型技术，其中旋压成型技术与手拉坯成型的原理几乎一样，一些大件器物还必须用手拉坯成型。

瓷器烧成

窑具 唐宋至民国时期，浔中瓷民使用的传统窑有垫具和匣钵。垫具由耐火材料、黏土和瓷坯泥烧制，装烧时用于各器物隔离、铺垫，有支钉、支垫、支圈、垫托、托盘、垫柱、垫圈、垫饼、垫底钵、支柱等；匣钵以耐火黏土为原料，用轮制和手拉坯成型，大小不一，根据装烧的器物而定，有伞状体钵、平底钵、环体钵、W形钵等。

20 世纪 80 年代后，随着窑炉革新、能源变化，明焰裸烧技术的运用，窑具也随之变化，出现了新的窑具，主要有碳化硅板、莫来石板、三足垫板、层梯钵等。

装窑 浔中瓷民传统的装窑方法有叠装、复合叠装、套装、匣钵叠装、匣钵复叠法、匣钵正烧法等，方法大同小异，即把器物放在一定的窑具上，按同类器物相叠，大

瓷工装窑

件中套小件，或把器物装在匣钵内，一个个依次重叠，一直叠至窑顶。叠装时要注意放平放正，互相靠紧，把握好间隔缝隙，确保烧成过程中不会发生倾斜倒塌，火焰畅通无阻，窑温平衡或温差不大，其技术性较高，一般由专门的装窑师傅负责或指导。20 世纪 80 年代后，采用隧道窑、辊道窑（滚底窑）、井式窑、电热井式窑、蒸笼窑等，装窑方法趋于多样化。

燃料　唐宋至民国时期，浔中瓷民烧瓷的主要燃料为木柴、山芒等，以松木、松树枝为主，辅之以杂木和山芒。松树含有松脂，燃烧时火力大、温度高，烧成的瓷器成品率高、质量好。

中华人民共和国成立后尤其是改革开放以来，德化县进行窑炉和能源改革。1956 年，浔中境内的德化瓷厂用无烟煤块作燃料烤花试验成功。1958 年 3 月，改柴为煤烧瓷试验又获成功；8 月，用无烟煤和柴混合烧瓷也获得成功，成品率达 83.7%。1960 年，德化瓷厂建成混合煤气炉和通风煤气炉各一座，用煤产生煤气，再用煤气烧瓷。1972 年 12 月，德化瓷厂第一座柴油隧道窑点火，浔中境内其他瓷厂也逐渐采用柴油作燃料烧瓷。

1981 年，德化县成立节能办公室，组织人员试验用电烧瓷，保护自然生态。德化第五瓷厂被列为以电代柴烧瓷试点，1986 年，建成一条长 39 米的电热隧道烤花窑，用铁铬铝电阻丝发热，可控硅触发器半自动控制，使用温度最高达 900℃。1988 年，浔中大部分陶瓷厂家采用电热烧瓷。2000 年后，浔中境内所有陶瓷厂家均以电能、柴油为主要能源烧瓷。

烧成

龙窑烧成　龙窑装满瓷坯后，窑门、窑目（孔）全部封闭，只开窑尾出烟孔。开始在窑头投松枝、木材点火燃烧预热。待火烧到第六目，火头呈微红时，打开第一对目孔（即烧火眼）投放松枝、松柴等燃料，烧到一定程度，再打开第二对目孔，凭肉眼观火色，到炉火纯青时就可换目（节）。为防火色一时观察不准确，把装窑时安放的“照仔”钩出，凭“照仔”观察烧成情况。烧熟后把投柴孔封闭，再打开第二目投放燃料继续烧，依次一目一目地投料燃烧，到烧完为止。龙窑烧成时，在窑头烧足火候后，循序渐进，每过一目，后一目已预烧氧化。本目以强还原烧成，烧过的目腔辅以 2 ~ 3 目续烧弱还原，温度保持在较稳定的范围内波动，习称拖腔烧法。

阶级窑烧成　在窑头火柜（俗称虎柜）的窑门顶上放烧火腔，烧火时往烧火腔中投放松柴块，由窑尾砌筑的火屏烟囱排气排烟。烧窑工凭经验分预热、小火、中火、大火进行烧成，凭经验观火色确定是否烧熟。这种窑为倒焰氧化烧成。

20 世纪 80 年代前后，由于窑炉革新，出现隧道窑、辊道窑、立方窑等，烧成能源有电、油和天然气等，烧成方法也不断革新，除素烧、釉烧外，釉上彩和釉中彩的陶瓷制品还需经过彩烧工序。瓷制品采用还原和氧化烧成，陶制品用氧化烧成。烧成温度包括升温速度、最高正火温度、冷却保温等。

低温阶段。窑温在 120℃～140℃时，坯体内水分气化，温度升至 350℃以后，水分基本排除，坯体毛细管逐渐变小，坯件易扭曲变形或开裂，升温应均匀缓慢。

气化分解阶段。窑温在 350℃～950℃，其中窑温升至 400℃～600℃时，坯体尚未强烈烧结，结晶水和分解气体自动排除，有机物中的碳素自然氧化。这时若升温控制不当，氧化气氛不强，烟气流速较小，都会造成不完全氧化分解而影响质量。

高温阶段。窑温在 950℃以上，直至最高烧成温度。高温阶段又分为氧化恒温期、强还原和弱还原三个不同气氛温度阶段。在确定气氛温度时，要掌握好氧化转强还原、强还原转弱还原两个温度点和还原气氛的浓度。氧化转强还原的温度，即气氛转换温度或称临界温度，是烧成中极为重要的温度点。强还原转弱还原的温度点也很重要。标志着还原结束，釉料开始成熟。

隧道窑烧成 隧道窑烧成分还原焰烧成和倒焰窑烧成两种。还原气氛以前为预热带，还原至高温阶段称烧成带。倒焰窑烧成，还原以前称小火或前火期。强还原称大火或攻烧期，高温至弱还原称后火期。在高温保温时，温度平稳，不升不降称为平烧。

1988 年，德化县陶瓷研究所与福建电子计算机研究所，联合研制电脑控制烧成装置。在窑炉最佳温度点安装热电偶，按产品需求，由键盘输入控温数据，对窑炉内温度进行监测，并实行自动化控制。热电偶测试点一般为 1 ～ 8 路，有的可增加至 32 路。进入 21 世纪，隧道窑烧成基本采用电脑控制。

1992 年，浔中龙东瓷厂承担县科委下达的“白瓷中温还原烧成研究”项目，采用中温 1310℃～ 1330℃还原焰烧出高白瓷。

瓷器烧成温度为 1300℃～1400℃。龙窑、阶级窑温度控制凭实践经验，以眼力观察火色和火候，有的窑炉边放“照仔”孔，通过观察火色和“照仔”测定瓷器是否烧成。中华人民共和国成立后，烧成温度控制按照老方法。有的“照仔”改为“三角锥”、热电偶温度计、光学温度计作为测量温度的器具。新型窑炉出现后，烧瓷温度有的可低于 1300℃。

陶器的烧成温度为 1200℃左右。艺术彩陶，施以低温透明釉，用 1100℃氧化焰烧

瓷工在观察窑温

成。轻质陶，施以低温无铅透明釉，使用无铅镉颜料和花纸，用1050℃～1150℃氧化焰一次或二次烧成。釉下彩精陶，坯体经1050℃素烧后，采用无铅镉颜料和花纸，施以无铅透明釉，用1150℃～1170℃氧化焰烧成。半瓷，坯体经过1100℃素烧后，施无铅透明釉，用1150℃～1190℃氧化焰烧成。紫砂器，不施釉，用1120℃～1190℃氧化焰烧成。炻器，用中温透明釉，用1200℃～1300℃氧化焰烧成。

成品装饰

浔中陶瓷装饰源远流长。新石器时代有印纹陶，宋元时期有篦画、印花，明清时期有浮雕、青花，民国时期有古彩，以及现在的刻花、通花、剔花、喷花、印花、贴花和艺术釉等装饰方法，都具有一定的时代特征。既展示出装饰技艺精湛、内涵丰富多彩、设计精巧别致、形式优雅美观、创作严谨华丽的官窑风格，又有民窑豪放朴实的地方特色，使陶瓷器物色彩纷呈，百花争艳。

雕刻

篾划 浔中瓷民用竹篾片作笔，在坯体上直接划成，手法轻快简练，收放自如，上釉烧成后，划纹釉色较深，纹样明显。

印花 瓷民把刻有花样图案的模具与坯体一次性印压而成，花样、规格一致，简便快捷，能够大批量生产。

浮雕 浔中瓷民采用雕塑手法制作，使花纹图样高浮于器物表面。

贴花 又称堆贴。浔中瓷民先用模具或手工捏塑制成所需的花卉、兽头等部件，经修整后，用泥浆粘贴于已修好的器物坯体上。细小枝条等不适合印制部分，辅以推刻。这种贴花，适用于对称装饰和图案装饰，花样的形态、规格一致，有近似浮雕的艺术效果。

通花 又称透雕、镂空，是浔中瓷工以雕刻为主的装饰手法，即器物上所饰的花纹图案部分仅留线条，中间镂空，或将图案镂空，通体剔透，有的还外加色彩，制工精细，艺术效果好。

刻花 为阴刻线条花饰，花饰与器物坯体平面一致。上釉烧成后，刻纹被釉填平，花纹清晰，易于洗涤，适用性广，各种产品可单独或综合采用。其中浔中瓷工用开窗式表现的刻花装饰，有圆形、扇形、心形、菱形等多样开窗形体，花样凸出，形似浮雕，做工精细考究，釉光色彩晶莹明亮，产生别有韵味的艺术效果。

彩画

青花 又称釉下彩青花，浔中瓷工以氧化钴为主配制原料，直接在瓷坯上描绘，画好各种装饰花样或图案后，再上一层透明釉，入窑高温烧成后，瓷器釉下装饰呈现出青蓝色彩，颜料稍有差别，色彩也略有差异，有蓝中带青、蓝中带紫、蓝中带黑等多种色调，浓淡分明，精细雅观，永不褪色。使用时不会产生铅、镉等有害物质，被称为日用瓷最佳色彩装饰。

粉彩 又称釉上软彩，浔中瓷工在瓷器上描好图案轮廓后，填上一层“玻璃白”，再用乳香油或水调和的色料，在“玻璃白”上描绘涂染，最后入窑炉烧烤而成。其画面色彩鲜丽，明暗浓淡层次分明。始于明末清初。在各种高白瓷上广泛使用。

新彩 浔中瓷工直接用笔蘸色料在瓷面上作画，其表现技法与风格接近于水墨画。所用颜料以手工研磨合成，用油调者称“油彩”，用水调者称“水彩”。其适应烤花温度范围较广、成本较低，自清末以来普遍采用。

喷花　喷花是现代新创的一种釉上装饰方法。浮中瓷工的制作工艺是先用软铅薄片，按花样色彩层次，分别镂刻，制成配套模板，使用时按层次套在瓷器表面，再按不同用色要求，在喷枪上（以空气压缩机为喷枪的动力）分别装入色料，以轻重远近的手法掌握所喷画面色彩的浓淡层次，以分版分色依次分喷组合而成，釉上、釉下装饰均可采用。

印花　釉上彩印花，不同于早期的白瓷胎体模具印花。浮中瓷工采用橡胶皮刻制花纹的印模，中间填粘一层富有弹性的海绵，其上再加一层方便手持的木托。使用时以印模沾粘玻璃板上已调好的色料，直接在瓷器上印出花形图样。

贴花　当代浮中瓷工采用的釉上花纸贴花装饰。花纸先由花纸厂根据各种瓷器的造型和规格设计，花样极多，山水、人物、花鸟、鱼虫、瓜果等图案俱全，可供不同产品的需要选择采用，也可自行设计向花纸厂订制，使自己的产品装饰独具特色。花纸贴花的操作工艺简单，工效很高，而且画面规格整齐，色调一致，适于大批量生产。

釉画　浮中瓷工以各种颜色釉为彩画颜料，用笔蘸料直接在瓷器上作画。操作者必须具有熟练的绘画技艺，并充分掌握色料的特征，才能得心应手，运用自如，尤其要达到用料釉浓淡层次分明，很不容易。

彩画车间

工人在画彩画

点釉 浔中瓷工在未上釉的素胎上留出规整的心形、扇形等各种式样的开窗空白，然后在空白处采用高温色釉颜料作画，或以高温色釉在素胎上绘画，然后在画面周围整体上点釉珠，点釉时，必须严格掌握釉料的浓度，釉珠的大小、点距间隔要均匀一致。烧成后，在发亮的釉点下，露出洁白的瓷质，犹如素胎瓷上嵌满晶莹的珍珠。

腐蚀金彩 腐蚀金彩主要应用于陈设瓷和高档日用瓷装饰。浔中瓷工的制法是在瓷器釉面上涂一层石蜡，干后，用金属或竹制的工具在蜡上刻画出预定的花纹、图样，再用氢氟酸腐蚀至一定程度，经水洗后，用笔蘸瓷用金水描绘，入炉烧烤后，被腐蚀处成为毛面无釉，凹陷处无光，未被腐蚀处则金光闪耀，交相辉映。

电光彩 电光彩又称光泽彩。浔中瓷工用电光水作颜料，颜色有黄、红、蓝多种，用时以涂刷或画的方法施行，一般用于中、低档产品的口沿、颈、足的装饰。

涂钛 浔中瓷工采用真空等离子磁性溅射技术，使瓷器表面构成氮化钛膜层，烧成后呈现黄金色，称为钛金瓷。也可变性，成为紫色、天蓝色等，具有耐磨、耐酸碱和无毒、不易沾染油污等特点。

选瓷 宋元时德化外销瓷就有等级之分。明清时期对日用瓷分为甲、乙、丙、丁、次五个级别，民国时期沿用。中华人民共和国成立后，选瓷标准继续沿用旧标准。

甲级瓷 没变形、没粘脚、没起泡、无棕眼、没釉流、白度水色纯白。

乙级瓷 黑点允许 2 ~ 3 个，基本端正无变形，允许不显面釉泡 2 个。

丙级瓷 黑点允许 3 ~ 4 个，釉泡允许 2 ~ 3 个，允许微变形，若逊白色。

丁级瓷 呈阴黄色，聚釉，黑点允许 4 ~ 5 个，略变形。

次品瓷　阴裂、走釉、变形、裂缝，但产品还可以使用。

1956年，浔中镇境内瓷厂选瓷的质量标准按国家标准执行。

种类与型号：

（1）按产品的形式和用途，分为盘碟类、碗类、杯类及其他器物类。

（2）按产品的规格，分为特型、大型、中型、小型。

（3）按产品外观质量，分为一级品、二级品、三级品、四级品。

质量要求：

（1）吸水率不超过0.5%；（2）热稳定性以盘、碗类中型产品为代表，从200℃投入20℃水中冷热交换一次不裂；（3）白瓷白度不低于65度；（4）与食物接触面的铅溶出量不大于7毫克／升，镉溶出量不大于0.5毫克／升；（5）口径公差：口径等于或大于60毫米的允许±0.5%～1.0%，口径小于60毫米的允许±2%；（6）壶类在倾斜70度时，盖子不许脱落，当盖子向一方移动时，盖子与壶口的距离不得超过3毫米；（7）一套产品内的釉色、画面色泽应基本一致，规格尺寸应相称；（8）不许有炸釉、磕碰、裂穿和渗漏缺陷；（9）产品外观质量须符合下列规定：一级品每件产品不得超过4种缺陷；二级品每件产品不得超过5种缺陷；三级品不得超过6种缺陷；四级品不得超过7种缺陷。

包装

传统包装　宋代到明清时期，浔中传统的包装材料为稻草、竹笼，包装方法简单，但讲求牢固。笼底朝上，人站在笼底上整个笼不会弯、不变形才算合格。装碗时笼底先铺上一层稻草，然后把碗一个个地套紧倒放，一层碗，一层稻草，装满后，再盖上一层稻草，盖上竹篾做的盖，用几条厚竹片把竹篾盖加固，最后用麻绳绑紧。罐、瓶、汤匙、酒盅、茶杯等，同样用竹笼包装，瓶类、茶壶等包装时先把流咀与把（耳）用稻草扎紧后才装进竹笼。装笼方法与碗类相同。

瓷雕工艺品包装　浔中瓷民把土纸浸成浆，然后将人物的手、链等易损部位用纸浆糊紧，再用粗纸把整个工艺品裹紧装进竹笼。装笼时必须用稻草把竹笼四周铺厚塞紧，隙缝间的隔离亦用稻草塞紧加厚。封盖加固比装日用品严格。

1956年，出口瓷包装改用松木板箱内垫稻草，后改用纸箱包装。1968年后，内包装改用纸屑填衬，或用瓦楞纸制成纸盒。产品先装进纸盒，然后装入纸箱。包装标志在制纸箱时印制在其外表规定部位。识别标志包括外商代号、货物特定记号、产品记号、到达地点、体积、重量、品名、规格和产地等。指示标志包括产品特性、注意事项、危

装瓷竹笼

纸箱

险标志等。装箱时产品之间用土纸、纸屑、瓦楞纸相隔。

20 世纪 60 年代，内销瓷器的包装仍用旧法。70 年代，竹笼加稻草逐渐被纸箱代替。80 年代，随着市场消费结构的变化，工艺瓷、日用礼品瓷多用纸盒、锦盒、悬空式包装盒包装。

1990 年以后，凡在市场上销售的瓷器，都用彩盒包装。高档产品用丝绸、罗缎锦盒包装，内包装用泡塑膜。

彩盒包装　2000 年后，浔中镇境内的陶瓷企业注重陶瓷产品的包装，以提高产品档次。低档产品一般用彩盒包装，中档产品用较好的彩盒套泡塑膜包装。高档产品包装更讲究，高档日用瓷选用精美彩盒，内套泡塑加丝绸包装。工艺品一般用精美锦盒、内套泡塑丝绸包装，有的用玻璃、透明塑料薄板做成精巧玲珑的厢、厨等，让顾客能全方位观赏艺术的美。把千姿百态的精美瓷器，装扮成一个个倾城倾国的“姑娘”“嫁”往世界各国，装点人们的生活。

包装彩盒（一）

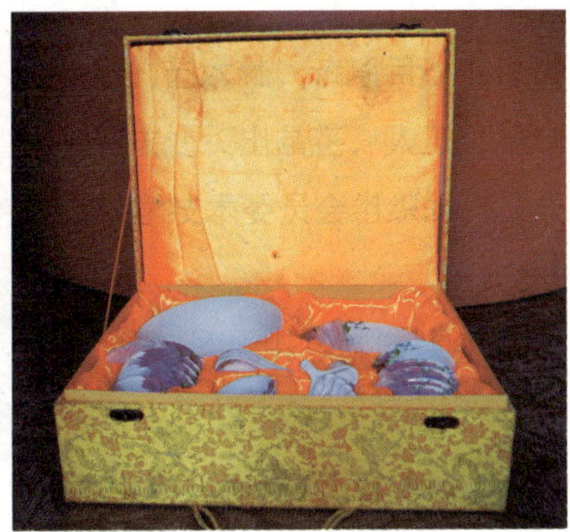
包装彩盒（二）

产品销售

国内产品销售 唐至五代，浔中乐陶等生产的缸、瓮、碗、碟等，供德化及永春、仙游、永泰、尤溪、大田等县村民作日常生活用具。宋代，浔中等地生产的陶瓷产品，除了销往海外，还在福建、广东、浙江、香港、台湾等地市场上销售。

明清时期，浔中一部分窑场主在泉州、厦门、福州、汕头、莆田等地开设瓷行，把日常生活器具，以及佛像、人物塑像、盆景等陶瓷产品销往广东、浙江、江苏、上海、北京、四川、台湾、香港等省市和地区。

民国期间，浔中生产的瓷器仍在福建、广东、江苏、浙江等地市场上销售。一部分瓷民把自产的陶瓷器物挑至周边邻县乡村换大米和地瓜干，或出售。

中华人民共和国成立后，浔中陶瓷销售区日益扩大，销售量逐年增加。1952 年，浔中陶瓷由德化县供销部门统一收购，销往省内外。20 世纪 70 年代，浔中地区瓷厂通过德化县供销社，与全国 18 个省（市）97 个地区的日杂公司、土产公司一起参加展销会

国内产品展销

并销售。80 年代，浔中镇陶瓷先后通过县陶瓷展销城、陶瓷街等营销窗口销售产品，通过县政府及有关部门到北京、上海等国内大中城市举办的展览会、展销会推销自家产品。90 年代，浔中境内的陶瓷企业，参加德化县在北京、上海、杭州、福州、南京、深圳、武汉、重庆、昆明、唐山、沈阳等地举办的“德化名瓷展销会”，展销名优产品。其间，还通过在各大中城市建立营销网点等方式销售产品。2013 年，德化县建成翰林府陶瓷城，内设上下两条“陶瓷长廊”向境内外游客展销名优产品。

国外产品销售 唐至五代，浔中陶瓷开始销往海外。宋代，浔中地区制作的碗、盘、花瓶、壶、钵、杯、军持、盒、罐等产品大量销往海外。

元代，泉州成为东方第一大港，德化陶瓷是“海上丝绸之路”的重要商品。浔中等地陶瓷产品由官商向窑场主收购销往国外，或由人工挑至永春，再水运到泉州，然后销往朝鲜、日本，东南亚的越南、印度尼西亚、菲律宾，以及中东、非洲和欧洲等国家和地区。

明代，郑和下西洋后，浔中销往海外的陶瓷品种和数量都大量增加。其中，白釉瓷被称为“中国白”，何朝宗等瓷雕作品被誉为“东方艺术珍品”“国际瓷坛明珠”。

清代，是浔中陶瓷对外贸易的又一旺盛时期，产品以青花瓷为主，日用瓷有杯、碗、碟、瓶、盘、盒、壶等；瓷雕有观音、如来、达摩、关羽、寿星、八仙，以及狮、龙、牛、马、羊、虎等，产品销往东亚、东南亚、欧洲、非洲，以及美国、加拿大、古巴、秘鲁等国家和地区。

民国时期，战乱频繁，德化陶瓷外销受阻，浔中陶瓷以内销为主，但仍有少量外销。

中华人民共和国成立后，德化陶瓷贸易逐步恢复发展，浔中地区是德化陶瓷出口的主要生产基地之一。20 世纪 50 年代，主要出口产品为日用瓷，如杯、盘、碟等，以及部分工艺品。1959 年，德化浔中等地出口的产品远销苏联、越南、埃及、英国、法国、新西兰、加拿大、冰岛等 27 个国家。1963 年，产品销往的国家和地区增至 78 个。1978 年，德化陶瓷出口额达 1019.33 万元，其中大部分为浔中境内国营瓷厂、集体瓷厂的产品。20 世纪 80 年代后，浔中镇陶瓷出口进入新的辉煌时期。1985 年引进西洋工艺瓷后，改变了德化陶瓷传统产品的结构，大量生产具有西洋风格的工艺品，销往欧美市场，其品种繁多，题材广泛，销量庞大，使浔中镇陶瓷贸易额每年均大幅度提升。90 年代，浔中陶瓷企业通过参加在广州市举办的中国进出口商品交易会、在上海举办的华东进出口

国外产品展销

商品交易会等，每年获取大量订单，将产品销往欧洲、非洲，以及美国、加拿大等150多个国家和地区。90年代，佳美集团、龙鹏集团、德化第五瓷厂、冠福集团、臻峰陶瓷公司等多家企业获自营进出口权，陶瓷出口量与日俱增。2010年，浔中镇境内陶瓷自营出口额达8500万美元。

链接

明清时期，以德化浔中为主要产地的“德化窑”在制瓷工艺、烧瓷技术方面已达相当高水平，所制白瓷、青花釉瓷，型大胎薄，釉色莹润，透明度高，瓷器产品大量销往东南亚、中东和欧洲等地区，成为“海上丝绸之路”的重要商品。由于自然条件、运输工具等原因，一些运载瓷器的船只遇难沉入海底。随着水下考古事业的发展，一部分运载德化窑瓷器的沉船浮出水面，成为世界考古界的重大发现。同时也印证了德化窑瓷器是“海上丝绸之路”的重要商品。

哈彻大帆船　明崇祯十六年至清顺治三年（1643—1646），在古代“海上丝绸之路”的南海沉没的一艘中国大帆船，在欧洲被称为哈彻大帆船。1983 年 7 月，被迈克·哈彻领队的澳大利亚水下打捞公司发现并由该公司打捞，出水的 2300 多件陶瓷器中，有德化窑生产的白瓷，产品有杯、碗、炉、壶、观音塑像等，同年出水瓷器在荷兰的阿姆斯特丹拍卖。

“哥德马尔森号” 又称“南京号”，是一艘荷兰东印度公司的贸易商船，经专家考证是清乾隆十七年（1752）在“海上丝绸之路”的南海沉没。1984 年 7 月，迈克·哈彻的水下打捞公司发现并打捞该船，共出水 14 万多件陶瓷器和 125 块金锭，其中有一批德化窑生产的青花瓷和白瓷。1986 年，此批文物在荷兰的阿姆斯特丹拍卖。

“南海一号” 1987 年，中国水下考古队在广东省阳江海域发现的一艘宋代沉船，定名为“南海一号”，发掘出水了大批陶瓷器。经专家鉴定，大部分为德化窑产品。

“南海一号”出水的德化古瓷（一）

“南海一号”出水的德化古瓷（二）

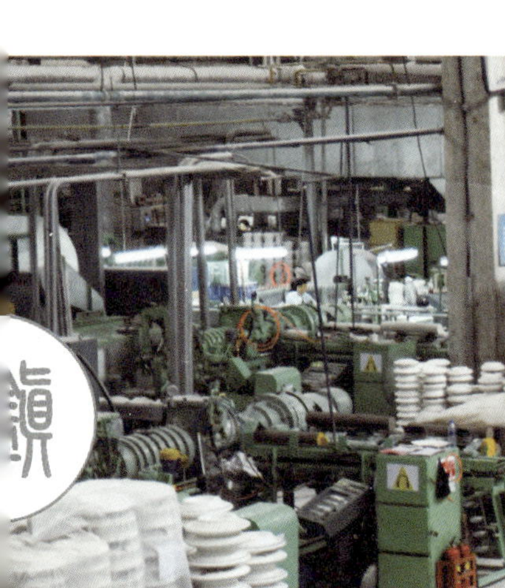

陶器生产车间

陶瓷科研

科技是第一生产力，陶瓷发展与科技进步密切相关。在陶瓷生产过程中，浔中先民通过不断探索和实践所掌握的烧制技术和瓷雕艺术，为子孙后代留下极为宝贵的财富。

中华人民共和国成立后尤其是改革开放以来，科技进步为浔中陶瓷生产开辟了广阔的新天地，让陶瓷业插上腾飞的翅膀，向高档次、高产值发展。一家家陶瓷科研所的出现，是陶瓷科技发展的重要载体和标志。

2014 年年底，浔中镇境内有 40 多家陶瓷科研所，其中泉州市陶瓷科学技术研究所为国有科研所，其余均为民营科研所，主要从事陶瓷制作技术创新研究、新材料和新产品开发等。

科研机构

改良瓷场 1935年，福建省建设厅在浔中境内的德化西校场创办改良瓷场，主要从事瓷土配方和陶瓷生产工艺新技术研究。厂房建筑面积360平方米，有阶级窑1座，职工30人左右。研究陶瓷生产石膏模型注浆和机械成型工艺，均获成功；还成功研制黑、蓝、赤等多种色釉及釉上彩、釉下彩颜料。1939年改良瓷场更名为实验瓷场，1940年改为示范瓷厂。

泉州市陶瓷科学技术研究所 1965年6月，福建省轻工业研究所陶瓷研究室搬迁至浔中境内的德化西校场，创办福建省德化瓷器研究所。1969年，该所人员及设备并入德化瓷厂。1977年10月，成立德化县瓷器工业研究所。1985年11月，改称德化陶瓷科学研究所。1989年5月升格为泉州市陶瓷科学技术研究所，定编人员50名。2001年，全所用地面积5333平方米，建筑面积2616平方米，在编干部、研究技术人员、职工等15人。拥有5立方米油窑1座、高温硅钼棒电炉1个、电脑控制烧成装置1套以及其他相关配套仪器、设备等。主要从事陶瓷新材料、新工艺的应用研究，以及失传优秀传统工艺技术的恢复研究。先后承担省、市科委下达的科研及新技术研发项目26个，成功试验低温氧化烧瓷新工艺，开发千手千眼观音系列产品，成功研制节能蒸笼电炉，成功试制日本来样的滴水观音。研究开发紫砂陶瓷配方和制作技术，开发低温颜色釉等，为德化陶瓷生产开发新产品提供技术支持和帮助。

德化莹玉艺术陶瓷研究所 1986年10月，福建省工艺美术大师苏清河自筹资金创办，位于宝美村，是福建省首家民营陶瓷研究所。建有科研试验大楼，建筑面积1200平方米；拥有试验窑炉、生产窑炉、球磨机、磁选机等设备；设有产品陈列室、图书资料室、试制研究室等，有科研技术人员十多人，主要从事高、新、优瓷种和陶瓷技术的开发研究。苏清河先后参与或承担福建省火炬计划、泉州市星火计划项目，开发稀土陶瓷和工艺色瓷新产品。先后成功研制莹玉红、莹玉白、白瓷开片釉、辣椒红釉、高瓷质节能稀土陶瓷等。其产品先后获福建省科技进步奖，中国专利新技术新产品博览会银奖、金奖和特别金奖等。

德化金珠陶瓷研究所 1992年，高级工程师王金堆创办于德化城关富东街苏坂里。主要从事陶瓷原材料开发及应用研究，先后开发出“珠白瓷”“软质瓷”浮雕大型花瓶、低温釉下蓝彩系列产品。1998年，研究所扩大升级，更名为德化县金珠陶瓷有限公司，迁址宝美工业区。公司注册资金200万元，用地面积8.67公顷，建筑面积2万平方米；拥有自动控制直径18米电旋转窑炉2座、72米长全自动控制电隧道窑1座、天然气间歇窑3座及其他配套设施等。有员工150多人，其中高级职称2人、中级职称5人、初级职称13人；年生产数百万件瓷器，2014年纳税183万元。

研究所开发的白瓷领域高档新瓷种“珠白瓷”，工艺性能优异，坯釉结合良好，其瓷质集建白瓷和高白度瓷优点于一体，玻璃化程度高，白中蕴黄，细腻坚致，莹润似玉，被称为明代“建白瓷”的新版，广泛应用于工艺美术瓷和成套日用瓷。其系列产品分别获1993年中国“星火计划”成果奖，国家科委与埃及政府联合举办的博览会金字塔奖；1994年中国“星火计划”国际研讨会暨星火技术和产品展示会金奖，第三届中国专利技术新产品博览会银奖；昆明世界园艺博览会福建特色产品展金奖、福建省第二届技术市场金桥奖、福建省乡镇企业精品展销会金奖等。拥有国家知识产权发明专利1项、实用新型专利2项、外观设计专利4项。

金珠陶瓷研究所总部

凤凰陶瓷雕塑研究所艺术宫

德化凤凰陶瓷雕塑研究所 1993年，由中国陶瓷艺术大师、中国工艺美术学会会员邱双炯创办，位于德化浔中凤凰山。从事传统陶瓷雕塑、陶瓷原料、陶瓷工艺研究。邱双炯创作的作品在国家、省、市级展评会上屡获金奖、银奖等各种奖项。

1993年，德化县政府向时任国务院总理李鹏汇报以电烧瓷情况，薄胎瓷塑《贵妃醉酒》被选为样品。1994年，象牙瓷弥勒系列产品获成都全国星火科技精品金奖。1999年，薄胎瓷塑《贵妃出浴》获中国工艺美术馆珍品奖并被该馆收藏；2000年，“十态弥勒”获第二届中国工艺美术大师精品博览会金奖。《贵妃醉酒》《木兰易装》被中国历史博物馆征集为世纪藏瓷，并捐献3件作品给中国少年儿童基金会。2001—2007年，又用“中国白”先后创作了《五百罗汉》《水浒108将》瓷雕，形神兼备，富有强烈的艺术魅力和极高的欣赏价值。各级领导先后到研究所关心了解作品的进展情况。

德化二马陶瓷研究所 二马陶瓷研究所，成立于1993年12月，位于浔中境内的德化西校场，由高级工程师冯扬洲创办，主要研制釉水，有白、红、橙、黄、绿、青、蓝、紫、黑等颜色釉，包括氧化釉，还原釉，低、中、高温釉，各种花釉，变色釉，流动釉，窑变釉，结晶釉，单双纹片釉。1995年，可控晶核结晶釉获德化县科技进步二等奖。

德化凤池艺雕研究所 1995 年 5 月创办于浔中凤池，高级工艺美术师、中国古陶瓷研究会会员陈明良任所长。主要收藏与研究德化古陶瓷，并推陈出新，改革技艺，创新产品。1996 年，作品《十八罗汉》《树神》分别获台湾永德信明康金陶比赛特别奖、佳作奖；1999 年，在中国工艺美术大师精品展会上，陈明良作品《盘古开天地》《八仙过海》《荷女》分别获银奖、铜奖和优秀奖。其中《八仙过海》作品捐赠给中华慈善总会。

德化宏益陶瓷雕塑研究所 1993 年，该所由浔中凤池人、福建省工艺美术大师、高级工艺美术师柯宏荣和其妻子陈桂玉创办，位于德化陶瓷工业园区。主要从事陶瓷配方、烧成及工艺美术研究。创作技艺别具一格，代表作《天鹅湖》形象高雅逼真、雕刻手法细腻。

该所创作的作品《广陵散》《龙女牧羊》《蒲松龄》等先后获得 1968 年、1990 年、1994 年中国陶瓷美术创作设计评比一、二等奖，中国德化国际陶瓷节大奖赛特等奖，及一、二、三等奖。《三月三》《九歌山鬼》《苏武牧羊》《长相依》等多件作品被中国工艺美术馆、中国历史博物馆和国内外人士收藏。捐献 9 件作品给中国少年儿童基金会。

德化蕴玉陶瓷雕塑研究所 1994 年 7 月，该所由瓷雕家苏学金的传人、福建省工艺美术大师、高级工艺美术师苏玉峰、苏献忠创办，主要从事瓷塑艺术创作。苏玉峰创作的瓷塑作品《飞天女》《孔雀开屏》《罗汉》《花篮》《薄胎瓷塑观音》分别获全国工艺美术陶瓷评比二、三等奖。苏献忠的作品“过江达摩”系列获 1994 年成都全国星火科技精品金奖。

1996 年年底，浔中镇辖区内有民营陶瓷研究所 131 家。1997 年 7 月 1 日后，划归龙浔镇辖区 96 家。2014 年，浔中镇区陶瓷等研究机构增至 41 家（详见表 6）。

2014 年浔中镇民营陶瓷研究机构一览表

表 6

序号	名称	成立时间	地点	负责人	主要研究方向
1	德化金珠陶瓷研究所	1993 年 2 月	苏坂里 44 号	王佳耀	陶瓷
2	德化县凤凰陶瓷雕塑研究所	1993 年 5 月	凤池街 4 号	邱双炯	陶瓷、雕塑
3	德化二马陶瓷研究所	1993 年 12 月	西校场	冯扬州	陶瓷
4	德化耀德耐火材料应用研究所	1994 年 1 月	诗墩	连成绩	窑炉材料
5	德化精艺美术瓷研究所	1994 年 7 月	德化县酒厂	郑开明	陶瓷

续表 6

序号	名称	成立时间	地点	负责人	主要研究方向
6	德化华晖陶瓷研究所	1994 年 11 月	浔中村	林培建	陶瓷
7	德化德芳陶瓷窑炉研究所	1995 年 2 月	土厝格	蔡德芳	窑炉
8	德化树脂应用研究所	1995 年 10 月	城东工业区	张福钦	树脂
9	德化昌美陶瓷研究所	1995 年 5 月	世科村	郭成党	瓷土
10	德化艺苑陶瓷研究所	1995 年 5 月	诗墩	李及治	陶瓷
11	德化富东陶瓷研究所	1995 年 10 月	小溪工业区	林建全	陶瓷
12	德化国惠陶瓷研究所	1995 年 10 月	王厝山	林国谢	陶瓷
13	德化百昌陶瓷研究所	1995 年 11 月	东头 79 号	黄光平	陶瓷
14	德化德达陶瓷研究所	1995 年 11 月	西门街	黄智远	陶瓷
15	德化银河陶瓷研究所	1995 年 11 月	苏坂里 9 号	涂金兴	陶瓷
16	德化利达工艺研究所	1995 年 11 月	城后工业区	郑丽珍	工艺品
17	德化佳美集团公司	1995 年	城后工业区	苏尧棠	陶瓷
18	德化福美瓷厂	1996 年	龙潭湾	苏建堆	陶瓷
19	德化萌萌低温陶瓷研究所	1996 年 3 月	世科村	李传芳	低温瓷
20	德化福德陶瓷研究所	1996 年 8 月	城后工业区	蒋志强	陶瓷
21	德化陶瓷技术开发研究所	1996 年 9 月	凤凰山 30 号	温元填	陶瓷
22	德化艺红陶瓷研究所	1996 年 10 月	世科村	黄丽娜	陶瓷
23	德化顺盛陶瓷工艺研究所	1996 年 10 月	云亭 9 号	郑德荣	陶瓷
24	德化臻峰陶瓷工艺研究所	1996 年 10 月	世科村	李志毅	陶瓷
25	德化窑业模具研究所	1996 年 10 月	龙船洋	郭文彬	石膏模具
26	德化龙盛窑具材料研究所	1996 年 10 月	土坂村	李耀国	耐火材料
27	德化精华陶瓷研究所	1996 年 11 月	西校场 6 号	王光	陶瓷
28	德化艺华陶瓷研究所	1996 年 11 月	西校场 6 号	占成章	陶瓷
29	德化丰艺陶瓷研究所	1996 年 11 月	城后工业区	温宝玉	陶瓷
30	德化典雅陶瓷研究所	1997 年 1 月	茶场三楼	赵建闽	陶瓷
31	德化宏利陶瓷研究所	1997 年 2 月	世科村	郭群胜	陶瓷
32	德化东艺陶瓷研究所	1997 年 8 月	东埔工业区	温克仁	陶瓷
33	德化相兴美术陶瓷研究所	1997 年 9 月	王厝山	涂志华	陶瓷
34	德化锦盛陶瓷研究所	1998 年 4 月	诗墩	邓瑞塔	陶瓷
35	德化华盛窑炉材料研究所	1998 年 8 月	城后工业区	苏丽华	耐热材料
36	德化祥龙陶瓷研究所	1999 年 4 月	乐陶村	孙国龙	陶瓷及釉料

续表 6

序号	名称	成立时间	地点	负责人	主要研究方向
37	德化镕提沾裳芯克 U 研究所	1999 年 4 月	诗墩	苏辉耀	陶瓷釉制品
38	德化佳兴陶瓷研究所	1999 年 8 月	浔中村	林华强	陶瓷
39	德化福馨陶瓷艺术装潢设计研究所	2000 年 8 月	世科村	郭星燎	陶瓷包装
40	德化东头窑陶瓷研究所	2001 年 8 月	东头窑	曾金龙	陶瓷
41	德化艺博陶瓷研究所	2002 年 1 月	富东街	曾润贵	釉料

项目成果

20 世纪 80 年代后期，德化县委、县政府实施“科技兴瓷”发展战略，浔中镇境内的陶瓷研究所、陶瓷企业不断引进科技人员，发挥科研人员积极性，增加科研资金投入，研发出一批批新技术、新材料、新产品。其中“中低温瓷土”配方、色釉调配试验成功，使西洋工艺瓷可以大规模生产；以油、气、电代替木柴烧制陶瓷，解决了“瓷”与“林”的矛盾，使陶瓷生产走上良性循环、可持续发展的轨道。在陶瓷科研大军中，民营科研所发展迅速，成为德化陶瓷科研的主力军，稀土工艺色瓷、轻质瓷、红壤陶、生态稀土陶瓷、耐热陶瓷、紫砂、珠白瓷、纹片釉、高白釉、大红釉等先后研制成功。

90 年代，德化创办福建省科技（陶瓷）园区，推动陶瓷科研进入快速发展阶段。在县经贸、科技等部门的支持下，浔中镇引导企业增加对科技的投入，加大科技攻关力度，提高产品科技含量和产业核心竞争力，取得一系列科研成果，先后获省、市、县科技进步奖等。1993 年 12 月，德化第五瓷厂“轻质陶瓷”项目通过省科委鉴定；德化东埔瓷厂“紫砂陶白瓷”项目通过省乡镇企业鉴定。1997 年，德化冠峰耐热瓷有限公司“高耐热陶瓷煲”项目先后被省科委、科技部列入“火炬计划”；同年，德化冠峰耐热瓷有限公司、德化第五瓷厂被省科委定为省级高新技术产业。1998 年，德化第五瓷厂“釉下多彩轻质陶瓷”项目先后被省科技委、科技部列入“火炬计划”。

21 世纪，冠福集团公司、德化第五瓷厂、龙鹏集团公司等进入国家、省、市高新技术企业行列，研制出具有较高科技含量的产品。耐热陶瓷煲、釉下彩轻质陶瓷、自生釉骨质白瓷、中温氧化高白蓝玉瓷等研发成功，并批量生产，在国内外科技博览会或科研成果展评中屡获大奖，在市场上更具竞争力，科技进步成为浔中陶瓷发展中不可或缺的支撑和力量。

新材料研制

釉下五彩贴花纸 1979 年，福建省科学技术委员会下达的科研项目，由位于浔中镇境内的德化瓷厂进行试制；1980 年，由德化印刷厂为主研制成功。制作工艺有花纸设计、照相制版、晒丝网版、裱纸、印刷、揭纸成品等。1982 年获晋江地区科技成果二等奖。

釉下青花纸 1979 年，晋江地区科学技术委员会下达的科研项目，由位于浔中凤池的德化县印刷厂承担，并研制成功。1982 年获晋江地区科技成果二等奖。

优质耐火材料掺加原料——硅线石研究 1989 年，位于浔中镇境内的德化县科学技术所根据德化陶瓷窑炉炉具的使用情况，为寻找高温耐热性能好的耐火材料进行专门调研。该项目从硅线石的资源分布、窑炉中的应用效果等方面进行全面调查并深入研究，为硅线石——黏土质匣钵的研制、推广应用提供理论依据。

硅线石——黏土质匣钵 1989 年，德化瓷厂技术科，应用高温荷重、软化点高、抗热震性能优异、抗氧化等高温性能优异的硅线石与河南铝矾土等材料，研制成耐高温的陶瓷窑炉匣钵，具有不变形、使用寿命长等优点。

可控晶核结晶釉 1992 年，德化县科学技术委员会下达的科技计划项目，德化二马陶瓷研究所等研制。结晶釉是陶瓷装饰中一种绚丽多彩的艺术釉，该项目改变过去依靠自然结晶的状况，用人工定位埋植晶核，烧成时在晶核处长出晶花，人工可控制晶花长出的时间和形状。同年 12 月，该项目通过德化县科学技术委员会组织的科技成果鉴定。

高铝聚轻砖 1995 年，由浔中镇区内的龙盛窑具材料研究所研制。该材料具有耐高温、重量轻、稳定性好、适应急热急冷变化、抗热震系数高、导热系数低、隔热保温性能良好等特点，适用于陶瓷高温窑炉，节能效果好，使用寿命与一般高铝轻质砖比较可延长 4 ～ 5 倍。

无铅镉水转移花纸 1999年，国家、省级火炬计划项目，德化县铭丰金花纸有限公司研制。该产品不含铅镉，对人体无害，解决了长期以来因贴花纸产品铅镉含量超标影响外销的难题，提高了企业的经济效益。

瓷种开发

云白瓷 1987年，由德化工艺美术陶瓷厂研发。该瓷种酷似建白瓷，制品成乳白泛黄色调。1989年获福建省二轻厅科技成果三等奖，1990年获泉州市科技进步三等奖。

云彩工艺瓷 1989年，由德化工艺美术陶瓷厂研发。该项目吸取粉彩工艺特色，经科学配置颜料、图案设计、精细描绘，调整烧烤温度等研制而成，具有构思新颖、色泽明丽、彩绘巧妙等特点。1990年获泉州市科技进步三等奖。

轻质陶瓷 1992年，由德化第五瓷厂和德化县技术开发中心联合开发研制。以白云石、高岭土为主要原料，添加钾长石、锂辉石等，制成比普通陶瓷重量轻的陶瓷系列工艺品。1993年12月，通过福建省科学技术委员会组织的科技成果鉴定；1994年获中国专利十年成就优秀奖，1998年获福建省乡镇企业精品展销会金奖。

紫砂陶瓷 1993年，由东埔瓷厂研制。该产品以天然矿土为原料，经科学配制，采用独特的釉饰工艺，低温烧成，节能效果显著，成本低，成品率高，产品具有釉色光润、美观等特点。1994年获泉州市科技进步二等奖。

轻质红色艺术瓷 1994年，由凤凰陶瓷雕塑研究所研制。该产品材料丰富，加工、烧成能耗低。1995年获德化县科技进步三等奖。

釉下彩精陶 1996年，由德化第五瓷厂研发。该产品为介于日用细瓷与陶瓷之间的新瓷种。选用可塑性强、熔融温度低的原材料，以氧化焰烧成。1997年12月，通过福建省乡镇企业局组织专家进行的科技成果鉴定。1999年获农业部科技进步三等奖。

耐热陶瓷煲 1997年，由德化冠峰耐热瓷有限公司研制。耐热陶瓷煲属日用炊具，用以炖、煮、蒸、炸、烹饪食品，耐酸碱，抗热性能好，不含铅镉等对人体有害物质。2001年，通过福建省科技厅组织专家进行的科技成果鉴定，入选福建省第六批名牌产品。

釉下多彩轻质陶瓷 1998年，由德化第五瓷厂研制。该产品以白云石、瓷石、高岭土为主要原料，经科学配置成低温陶瓷泥料，以及熔融温度相同的无铅透明釉料，产品采用釉下多彩低温二次烧成工艺制成。经福建省科学技术委员会组织专家立项论证，确认该项目属陶瓷新材料领域高新技术产品，具有烧成温度低、节能、质轻、色艳、釉面

光洁、造型美观等特点，对人体无害，其废弃物能自然风化，不会造成环境污染，符合环保要求，技术达到国际同类产品水平。2000年后，研制出骨质瓷、红釉瓷等系列新瓷种。

烧成改革

低温氧化烧成项目 1980年，福建省科学技术委员会立项，由德化陶瓷研究所承担研制。研究低温氧化烧成坯釉的配方，改革窑炉及烧成工艺等。1982年研发成功，烧成温度从1400℃降至1200℃，以电代柴烧成，节省能源。

龙窑燃料改革 1985年，德化第五瓷厂组织实施。即把传统烧柴的龙窑，改造为烧山芒、山草、树枝等的新型窑炉，既节省木柴，降低能耗，又提高产品合格率。1985年获德化县推广应用科技成果二等奖。

电热隧道烤花窑 1986年，德化县电气化办公室下达的研制项目，由德化第五瓷厂承担研制。该窑长39.1米，总功率95千瓦，采用铁铬铝电阻丝发热和可控硅触发器半自动控制，使用温度最高达900℃。1987年获德化县推广应用科技成果二等奖。

简易小油窑 由德化县技术开发中心研制开发。即根据倒焰窑原理，利用空气压缩机压力，用气割枪将柴油喷入窑内燃烧。具有结构简单，设备少、费用省等优点，适应于小规模厂家使用。1991年获德化县科技进步二等奖。

微机控制烧成装置 1988年，由德化县陶瓷研究所与福建省电子计算机研究所协作研发。即采用微机控制装置控制电炉烧成温度等。同年，该项目通过福建省科学技术委员会鉴定验收。

白瓷中温还原烧成技术 1992年，德化县科学技术委员会下达的科研项目，由龙东瓷厂承担研究。即对白瓷原料的配方、加工工艺、窑炉、烧成温度等进行深入研究，采用中温1310℃～1330℃还原焰烧出白瓷，其产品质量经检测达高温1400℃还原烧成的效果，可节省能源20%以上，窑炉、窑具使用寿命明显提高。1994年获泉州市科技进步二等奖。

小截面新型节能隔焰推板隧道窑 1994年，德化县科学技术委员会下达的科研项目，由凤凰陶瓷雕塑研究所承担研制。该窑炉采用硅酸铝纤维棉和轻质砖为保温材料，以碎木屑、刨花、谷壳等为燃料，在1150℃以下烧成或烤花，能耗成本是油、电的25%。1995年获德化县科技进步三等奖。

1994年，德化第五瓷厂从湖北省中洲引进全省第一座明焰快烧宽体辊道窑。此后，各陶瓷厂家也纷纷从外省市引进大型先进窑炉，以适应大规模生产的需求。浔中镇陶瓷烧成技术逐步走上规模化、自动化轨道。

获奖项目 21世纪，冠福集团公司、德化第五瓷厂、龙鹏集团公司等进入国家、省、市高新技术企业行列，研制出具有较高科技含量的产品。耐热陶瓷煲、釉下彩轻质陶瓷、自生釉骨质白瓷、中温氧化高白蓝玉瓷等研究成功，并批量生产，在国内外科技博览会或科研成果展评中屡获大奖，在市场上更具竞争力。

浔中镇科研成果获县级科技奖一览表

表7

项目名称	获奖类别	科研单位	主研人员
轻质陶瓷	县科技进步一等奖	德化第五瓷厂、县技术开发中心	温克仁、许兴泽、王金堆
陈设艺术紫砂白瓷	县科技进步二等奖	东埔瓷厂	温克爱、郑文岳、柯泽生
新型节能隧道窑	县科技进步三等奖	凤凰陶瓷研究所	邱双炯、邱宏华、李秀梅
轻质红色艺术陶瓷技术研究	县科技进步三等奖	二马陶瓷研究所、宏景瓷厂	冯扬州、徐锡饱、苏志鹏
耐热陶瓷煲	县科技进步特等奖	冠峰耐热瓷有限公司	林福椿、林文昌、林文智
氧化高白瓷	县科技进步一等奖	龙鹏集团公司	苏建堆、徐华龙、苏建业
低温钙陶瓷	县科技进步二等奖	冠福现代家用有限公司	林福椿、卓克祥、郑敏捷
轻质环保园林陶瓷浮水工艺品开发	县科技进步三等奖	顺德盛陶瓷有限公司	曾金龙、陈富杰、陈朝基
新型青花瓷开发与研究	县科技进步三等奖	金珠陶瓷有限公司	王佳耀、王佳宁、林宝供
企业管理信息化建设	县科技进步二等奖	冠福陶瓷有限公司	林福椿、林文智、张荣华
废瓷回收再生陶瓷技术推广、应用	县科技进步二等奖	宁昌陶瓷有限公司	苏友谊、邹应霖、郭秀娥
釉中彩半瓷器产业化	县科技进步二等奖	德化第五瓷厂	温克仁、温伟智、温伟鹏
自动冲泡茶具产品开发	县科技优进步秀奖	金珠陶瓷有限公司	王佳耀、王佳宁
高级日用陶瓷系列开发	县科技进步三等奖	冠福陶瓷有限公司	林福椿、林文昌、林文洪

浔中镇科研成果获市级科技奖一览表

表8

项目名称	获奖类别	科研单位	主研人员
轻质陶瓷	二等奖	德化第五瓷厂	温克仁、许兴泽、王金堆
紫砂陶白瓷	二等奖	东埔瓷厂	温克爱、郑文岳、柯泽生

续表 8

项目名称	获奖类别	科研单位	主研人员
白瓷中温还原烧成技术研究	进步奖	浔中龙东瓷厂	曾世泉、陈锦清
釉下彩精陶	三等奖	德化第五瓷厂	温克仁、曾昭森、温伟鹏
耐热陶瓷煲	一等奖	冠峰耐热瓷有限公司	林福椿、郑敏捷、林文昌
冠福陶瓷	市长特别奖	冠峰耐热瓷有限公司	林福椿
中温无铅镉骨锂瓷	三等奖	冠峰耐热瓷有限公司	林福椿、林文智、张英龙
中温氧化高白蓝玉瓷	三等奖	龙鹏集团公司	苏建堆、卓克祥、郑敏捷
自生釉骨质白瓷	一等奖	德化第五瓷厂	温克仁
高白度轻质陶瓷	三等奖	龙峰陶瓷有限公司	苏建堆

浔中镇科研成果获省级科技奖一览表

表 9

时间	项目名称	获奖类别	科研单位
2002	耐热陶瓷煲	福建省科技进步三等奖	冠峰耐热瓷有限公司
2009	自生釉骨质白瓷	福建省科技进步二等奖	德化第五瓷厂

高新技术企业 1997 年以来，浔中镇认真贯彻落实科学发展观，不断加大科技兴瓷力度，选择一批资金和科技实力较雄厚的企业，持续进行高新技术领域的研究开发与技术成果转化，形成企业核心自主知识产权，并以此为基础开展经营活动，成为知识密集、技术密集的经济实体——高新技术企业。至 2014 年年底，浔中镇经国家、省、市政府有关部门认定的科技型、高新技术企业 42 家。

2014 年浔中镇高新技术企业情况一览表

表 10

企业类型	企业名称
国家级高新技术企业	福建冠福现代家用股份有限公司、福建省威尔陶瓷股份有限公司、福建省太古陶瓷股份有限责任公司、福建省德化福杰陶瓷有限公司
国家知识产权优势企业	福建省冠福现代家用股份有限公司、福建省佳美集团公司
福建省科技型企业	德化宏晟陶瓷有限公司、福建省德化福杰陶瓷有限公司、德化第五瓷厂、福建省泉州龙鹏集团有限公司、泉州坤达礼品有限公司、福建省德化冠峰耐热瓷有限公司、福建省德化县永德信陶瓷有限公司、福建省德化县宁昌陶瓷有限公司、德化县太阳鸟工艺品有限公司、福建省德化县宏达陶瓷有限公司、福建省威尔陶瓷股份有限公司、德化县宏顺陶瓷有限公司、德化县冠林竹木家用品有限公司

续表 10

企业类型	企业名称
福建省科技型企业	德化宏晟陶瓷有限公司、福建省德化福杰陶瓷有限公司、德化第五瓷厂、福建省泉州龙鹏集团有限公司、泉州坤达礼品有限公司、福建省德化冠峰耐热瓷有限公司、福建省德化县永德信陶瓷有限公司、福建省德化县宁昌陶瓷有限公司、德化县太阳鸟工艺品有限公司、福建省德化县宏达陶瓷有限公司、福建省威尔陶瓷股份有限公司、德化县宏顺陶瓷有限公司、德化县冠林竹木家用品有限公司
省级高新技术企业	德化第五瓷厂、德化顺德盛陶瓷有限公司、德化县龙峰陶瓷有限公司、德化冠峰陶瓷有限公司、德化县臻峰陶瓷有限公司
福建省创新型企业	福建省顺美集团责任有限公司、福建省冠福现代家用股份有限公司、福建省佳美集团公司、福建省德化卓越陶瓷有限公司
福建省知识产权优势企业	福建省佳美集团公司、福建省冠福现代家用股份有限公司
市级高新技术企业	德化第五瓷厂、德化顺德盛陶瓷有限公司、德化县龙峰陶瓷有限公司、德化冠峰陶瓷有限公司、德化县臻峰陶瓷有限公司、泉州市创意集团、德化县福昌陶瓷有限公司
国家“火炬计划”德化陶瓷产业基地骨干企业	福建冠福现代家用股份有限公司、福建冠峰陶瓷有限公司、德化第五瓷厂、福建省德化臻峰陶瓷有限公司、福建省德化铭丰金花纸业有限公司
行业技术中心、技术创新示范企业	德化县福昌陶瓷有限公司、泉州市创意集团

知名品牌 2001 年，浔中镇党委、镇政府按照县委、县政府实施品牌战略的部署，指导企业致力技术创新，提高产品质量、档次，打造知名品牌，增强产品市场竞争力，把企业做大、做强。至 2014 年，浔中镇企业经国家及各级政府、部门确认品牌和质量体系认证的企业有 28 家。

2014 年浔中镇企业获产品品牌、商标、质量认证等情况一览表

表 11

品牌、商标、质量认证名称	企业名称	产品名称
上市企业	福建冠福现代家用股份有限公司	
中国名牌产品	福建冠福现代家用股份有限公司	冠福牌日用陶瓷
中国陶瓷行业名牌产品	福建冠福现代家用股份有限公司、福建省泉州龙鹏集团有限公司、泉州市创意集团	冠福牌日用陶瓷、龙鹏牌玉瓷
中国驰名商标	福建冠福现代家用股份有限公司、福建省德化冠峰耐热瓷有限公司	“冠福”“华鹏”“福康”
福建省著名商标	福建冠福现代家用股份有限公司、福建省泉州龙鹏集团有限公司	“冠福”“华鹏”“龙鹏”
福建省名牌产品	福建省泉州龙鹏集团有限公司	

续表 11

品牌、商标、质量认证名称	企业名称	产品名称
通过 ISO 9001 质量管理体系认证并取得认证书	德化第五瓷厂、泉州市创意集团、泉州市德化宏远达陶瓷有限公司、福建省德化县中昱陶瓷有限公司、福建省德化县威尔陶瓷有限公司	
通过 ISO 1400 环境管理体系认证并取得认证书	福建冠福现代家用股份有限公司、福建省德化冠峰耐热瓷有限公司、福建省泉州龙鹏集团有限公司、泉州市创意集团、泉州市德化宏远达陶瓷有限公司、福建省德化县宁昌陶瓷有限公司	
通过省级计量检测体系认证	福建省德化县佳美彩印有限公司、福建省泉州龙鹏集团有限公司、福建冠福现代家用股份有限公司、福建德化冠峰耐热瓷有限公司、泉州市创意集团	

科技交流

技术交流

国内交流 据《德化陶瓷志》记载，清代，浔中镇乐陶村往外传授技艺者达 70 多人，其中尤溪县山头窑 23 人、古田和永春各 14 人、台湾 4 人、云南和广西各 1 人；往厦门、泉州、漳州、宁德、莆田等地 18 人。后所村建窑师傅林诗报往永春、大田、尤溪、三明等地，林华龙往尤溪山头窑等传授建窑技艺。民国时期，乐陶村民孙仁鹏等十多人先后到晋江、南安、宁德、漳州、建瓯、永春、大田、古田、尤溪、永泰、三明等市、县传授建窑技术。中华人民共和国成立后，乐陶村民陈赞来、孙再兴、孙成送等 20 多人，受政府有关部门委派，先后到南安、漳州、厦门、沙县、建瓯、永春、霞浦、宁德、建阳、建宁、福安、长泰等地传授建窑和陶瓷生产技术。20 世纪 60 年代，浔中公社岭兜人林质彬受福建省轻工业厅委派，到厦门瓷厂负责瓷彩技术指导工作，后又应聘到厦门工艺美术学院担任瓷彩专业课指导老师，传授陶瓷彩画技艺。70 年代，浔中大队苏清河先后应聘到建阳、永春、古田等地陶瓷厂任技术员。在古田县棋坪洋瓷厂期间，为该厂创作了数十种花瓶、茶具等，装饰多种颜色釉，产品大量出口；在建阳期间，通过产品创新等途径，创造了良好的经济效益；在永春苏坑瓷厂期间，为当地培训了一批技术人员。80年代后，浔中镇陶瓷界的技术人员先后受聘于广东、江西、湖南、山东、湖北、河南、上海、安徽、四川等省市，为当地陶瓷厂家建造小截面油烧隧道窑、隧道窑，以及传授陶瓷制作技术，或担任技术顾问，提供技术服务等。

国际交流 南宋嘉定十六年（1223），日本人加藤四郎到德化浔中学习制窑技术，回国后依照学习的方法成功烧制陶瓷，并传承后人。明代，德化阶级窑建窑技术从浔中等地传入日本，对日本陶瓷窑炉的设计和技术改造产生重要影响。日本铃木已代三原在《窑炉》一书中，专门介绍德化阶级窑，并称其为“串窑始祖”。至21世纪，日本濑户陶瓷窑仍称为“德化窑”。2000年2月，一位日本人到浔中镇石山村晒狗仔购买了一座刚停产不久的蛇目窑，把拆下来的窑砖等材料全部运回日本，并聘请德化的建窑师傅到日本按窑炉原样重建，命名为“龙神”，供游人参观。

学术交流 1976年5月，在德化召开“屈斗宫学术座谈会”，与会人员有国家、省、地、县文管部门专家及厦门大学考古专业师生。会上，与会人员就位于浔中公社的屈斗宫古窑址的发掘、保护及其价值等问题进行研讨，其成果被收入相关论文集。

1980年，德化县科委、文化局和厦门大学历史系、人类历史博物馆在德化联合召开“德化窑发展史学术研讨会”，来自北京、上海、南京、广东、广西、江西、福建等地的32个单位，60多位专家、学者，提供学术论文和资料31篇，并在会上进行交流。浔中乐陶人徐本章与他人合著的《德化瓷史与德化窑》《德化瓷器史料汇编》，被认为是“有史以来对德化窑和德化瓷较为全面、系统的总结和研究”。

1986年7月，古陶瓷研究专家徐本章应邀赴香港大学参加“南中国（闽粤）及其邻邦之古陶瓷工业国际学术研讨会”，在会上作题为《试谈德化窑青花瓷的装饰艺术及其影响》的学术讲演，与到会的美国、日本、澳大利亚、泰国，以及中国香港、台湾地区的专家、学者进行交流。

1992年，徐本章出席在泉州召开的“福建陶瓷与宗教文化国际学术座谈会”，就德化窑在闽南一带的分布情况与瑞士、英国、美国、法国等国陶瓷专家进行交流。

文化创意 1986年，郑泽洽等创办德化县德新陶瓷颜料厂。1988年8月，创办德化县顺德纸箱装潢厂。1992年，成立福建省德化县顺德包装彩印有限公司。1995年5月，兼并德化县宝丰瓷厂。1998年3月，成立福建泉州顺美集团有限责任公司。注册资金

顺美集团陶瓷文化园区

5100万元，用地面积14公顷，标准厂房18万平方米，有员工1500多人，生产日用陶瓷、树脂、石蜡、纸艺品、塑料制品，以及陶瓷文化用品等，产品销往80多个国家和地区。同年12月，获得自营进出口权。1999年10月，被泉州市人民政府确认为泉州市技术创新示范企业。

2010年，顺美集团以“顺天应人，美好自然”为企业文化，以“文化+旅游+科技转型”为创意起点，在浔中镇城东工业园区建设顺美集团陶瓷文化园区，包括顺美陶瓷文化生活馆、福建省陶瓷文化创意企业工程研究中心、七里洋陶瓷书画研究院、日用瓷全自动生产线等。注重高科技、信息化在陶瓷传统产业的应用，建成企业现代化、标准化基础设施。在顺美集团福建省企业技术中心、福建省博士后创新基地基础上，建设省级企业设计中心、中国海丝陶瓷文化博物馆，整合陶瓷产品、创意、文化等资源，打造全国专业的陶瓷生产基地和展销平台。公司先后被评为“国家文化出口重点企业”“福建省文化产业龙头企业”“福建省文化企业十强”等，产品获评“中国驰名商标”“中国陶瓷行业名牌”等。

泸溪北岸

“瓷圣”何朝宗

明代，何朝宗藉“中国白”瓷之灵性，将德化窑瓷雕艺术推上前无古人的境界，被后人尊称为“瓷圣”，其作品被誉为“东方艺术珍品”，成为国内外博物馆和收藏家竞相收藏的珍品。其后，何朝宗的制瓷技法，不断发扬光大，创作出一批批风格独特、异彩纷呈、出神入化的作品，在国内外瓷坛上争奇斗艳。

生平事略

何朝宗，又名何来，讳容海，字来观，又字来福、来佛，明代瓷雕艺术家。明嘉靖元年（1522），出生于德化浔中后所村何厝坂溪阳堂一个佛雕世家，系后所何氏始祖何昆源九世孙。何昆源，字德举，善于雕塑，祖籍江西，明洪武初年为江西建昌府卫军，洪武七年（1374）调泉州卫右所领百户，旋升右营总旗官，洪武十七年奉命拔营到德化隆泰社前苏村（今后所村）屯田定居。

据传，何朝宗家中有一尊祖传的木雕观音菩萨佛像，其祖母朝夕供奉，天天虔诚膜拜。朝宗兄弟俩常常听祖母讲述观音菩萨的故事，给朝宗幼小的心灵留下了观音美丽端庄、盘髻披巾、白衣赤足、庄严慈善的形象，并领悟到观音菩萨佛法无边、大慈大悲、救苦救难的内涵，为他后来创作出执柳施露、坐岩观潮、立莲渡海、立鳌平波、提莲普济、骑犼降魔、鹦鹉经书、缨络亮光、千手献宝等千姿百态的观音形象产生重要影响。

何朝宗自幼聪慧，勤学好问，少年时边读书边随父学艺，青年时代已对祖传木雕和泥塑佛像技艺有相当造诣，为寺院、宫庙泥塑各种神仙佛像，形态逼真。早期的代表作有程田寺的《善财童子》、土坂桥的《观音菩萨》、驾云亭文昌阁的《文昌帝君》等。他雕塑的观音端庄美丽，楚楚传神，深受广大民众喜爱，久而久之，在德化民间则有“一灵瓷观音，二灵纸画神”的说法。

晚年，何朝宗在后所窑场烧制100尊瓷观音，由于烧成时窑内瓷品倾倒，成品仅3尊，97尊次品埋在附近山中，后来该山被称为观音山。他当年烧制陶瓷开采瓷土的白泥岐建有碧象岩，岩中供奉的观音菩萨为何朝宗所塑，后该山改称为“观音岐”。万历二十八年（1600），何朝宗辞世，先葬于乐陶村格仔陈家厝角左畔，后迁新寨湖山。城东工业区开发时又迁至隆泰陵园，即后所产坂坑头田顶山，墓碑刻有“瓷圣何朝宗之墓”。

何朝宗塑像

技法与创作

何派技法 何朝宗先祖何昆源善于雕塑，应用祖传技艺融化于瓷雕，成为名艺人，子何世祥任莆田县学训导、孙何尚志任古田县学教谕，二人离任后均传承瓷雕技艺，也成为瓷雕名艺人。第四世何光孙既无武职又不出仕，专心承学祖艺，因其出身书香门第，有深厚的文化底蕴，对继承和发展德化瓷雕艺术颇有成就（福建省博物馆收藏的印有“宣德”年号的瓷雕观音是其作品）。五世何孙仔、六世何国人、七世何茅德、八世何善富皆承瓷艺，成为后所瓷雕世家，均于后所朱紫仑窑烧制瓷雕工艺品。明嘉靖年间（1522—1566），何善富生两子，长子容海，乳名来，字来观，即何朝宗；次子栖潭，字来生，号振宗，即何朝春。兄弟二人雕塑的观音菩萨、达摩佛像，独树一帜，享誉中外。

何朝宗从事瓷雕时正值德化陶瓷业兴盛时期，他吸收中国泥塑、木雕、石刻等佛像的艺术风格，融会于瓷雕，运用捏、塑、雕、镂、贴、接、推、修等技法，独创别具一格的“何派”瓷雕艺术，其设计、创作的坐莲、趺坐、十八手等 72 种观音，以及释迦牟尼、达摩祖师、罗汉等瓷雕佛像，衣纹线条清晰、简洁，柔和流畅，形神兼备，栩栩如生，既有共同特征，又有不同个性。他的刀法刚劲有力，翻转飘逸，疏密有度，柔中寓刚，或行云流水、含情脉脉，或惊涛拍岸、激扬飞越。何朝宗瓷雕作品还采用优质胎釉材料烧制而成，其瓷质“如脂似玉、莹润透彻”，有极高的欣赏价值，是“中国白”瓷的杰出代表，外国人赞为“东方艺术珍品”，“天下共宝之”。英国、美国、日本、德国等国家的博物馆和部分收藏家藏有何朝宗作品，盖有“万历”年号印记。故宫博物院收藏有盘膝菩萨、达摩，泉州文馆会收藏其渡海观音，均为国家一级文物。

何朝宗的瓷雕作品多为神仙、佛像等。其中，所塑观音尤为生动传神，有人作诗赞曰：“除非观音离南海，何来大士现真身。”人们把他所塑观音称为“何来观音”。其作品注重表现形体的起伏节奏感，及其神采神韵，特别强调对人物神情的刻画，增加瓷塑语言的艺术感染力。观音像、达摩渡海像等吸收了魏晋南北朝以来佛教造像的优秀传统，使之具有超凡脱俗的轩昂气宇，只可意会不可言传的聪明睿智，令常人仰之弥高。何朝宗除擅长瓷塑观音菩萨外，还创制各种香炉、瓷瓶等，精致雅观。他精湛的瓷雕艺术，创造了明代瓷坛的艺术高峰，影响久远，被誉为“瓷圣”。

何朝宗与“中国白” 据《中国工艺美术史》记载，明清时期的德化白瓷，以其温润、雅致、精巧、细腻等特点，代表了当时中国白瓷生产的最高水平。以何朝宗为代表的一大批瓷雕大师，采用“中国白”创作出造型别致、形神兼备的艺术珍品，把德化窑瓷雕艺术推到一个前无古人的境界。同时，德化白瓷集实用、装饰、观赏于一体，成为中国古代陶瓷的精品。

何朝宗瓷塑作品所用的瓷土和釉料与当时其他产地采用的白瓷材料不同，对所塑观音像的用料更加讲究，常常是自己亲手采选加工。他的瓷土取自德化城关附近的白泥岐，经过多次淘洗炼制，再经过很长一段时间的陈腐之后才可使用，烧制时采用了一些特别的烧制加工工艺，胎体厚重；瓷塑的釉与坯体浑然一体，釉色白中泛黄，宛如“象牙”颜色，被称为“象牙白”。这种“象牙白”瓷是德化窑独有的瓷质特性，故被国外称为“中国白”。

“中国白”在烧制过程中，因未能充分掌握原料的化学结构和完全控制烧成温度，在烧成温度不完全一致的情况下，烧成产品虽瓷质相同，瓷色却略有不同，除了象牙白之外，还有猪油白、孩儿红。猪油白、孩儿红，虽然没有明确的文字记载是何朝宗所创，但取料、加工工艺、烧成过程等深受他的影响，因此，后来把象牙白、猪油白、孩儿红一起归为德化“中国白”瓷。

“中国白”是以何朝宗为代表的德化瓷雕名家创造的，他们烧制的白瓷器造型美观，温润如脂，洁白如玉，在国际瓷坛上享有很高的声誉，因此成了德化陶瓷的一张名片，是德化历代瓷艺大师尊崇和追求的目标。1993 年，陈仁海研制出“中国白”新配方，创作出新的《渡海观音》。1997 年，创办“中国白艺术宫”，在继承德化传统陶瓷技艺的基础上，大胆创新，创作出一系列“中国白”产品，成为国内外瓷坛上独树一帜的陶瓷精品。1997 年，创作纪念香港回归的瓷雕作品《紫归牡怀》被中国历史博物馆收藏。1999 年，创作纪念澳门回归的《母亲，我回来了》，是中国第一件被故宫博物院破例永久性收藏的当代瓷雕作品。2008 年，“中国白”嵌“中国红”瓷雕《人和寿长》被选为国礼，赠送给国际奥委会终身名誉主席萨马兰奇和国际奥委会主席罗格。2009 年，中华人民共和国成立 60 周年庆典活动时，《圣洁之灵》被胡锦涛主席选为赠送给柬埔寨西哈努克的礼物。2010 年，“和谐世界”元首杯被选为国礼赠送 170 多位国家元首。2010 年上海世博会，《世博和鼎》被福建省委、省政府选为福建馆“镇馆之宝”，入选《中国陶瓷》杂志社组织评选的“最受瞩目的十件作品”，排名第二位，世博会组委会为之买了 5.6 亿元人民币的保险额。《世博和鼎》是一件精细典雅的外观和文化内涵高度统一的作品，彰显出社会安定，世界和谐的思想内涵，开创了德化瓷的新时代。

“瓷圣”作品

国内馆藏之宝

1999 年，北京世界邮展期间，中国邮票博物馆首次推出何朝宗“达摩”邮票设计稿参展。据《中国邮票史》记载，1951 年 10 月“伟大祖国——古代艺术展”在故宫博物院太和殿开幕，“达摩”塑像是其中展品。当年年底，文化部推荐将“达摩”塑像印在《古代文物》邮票上。1952 年完成设计刻版图稿，1953 年北京人民印刷厂印出邮票图样，后由于某种原因没有发行。邮票所表现的达摩容貌威严，身材伟岸，双手拢袖于胸前，赤足立于波涛之上，一苇渡过扬子江。邮票上有“伟大祖国，明代瓷雕，达摩像，公元 1522—1619 年，中国人民邮政，800 元”等字样，计划发行量 2000 万枚。何朝宗款达摩瓷塑，是明清宫廷御用品，属于国家一级文物。2008 年，曾作为“天下奇工”，在鸟巢“中国科技馆”作为中国古代创造发明瓷器的代表向世人展出。

故宫博物院收藏德化窑瓷器 700 多件，其中明代德化窑瓷器 200 多件，堪称故宫博物院收藏明代地方瓷器的一大亮点。明代何朝宗的瓷雕作品均属国家一级文物，被称为馆藏国宝。2012 年 10 月，以故宫博物院藏品何朝宗的《披坐观音》《渡江达摩》两件作品作为图案的特种邮票——《中国陶瓷——德化窑瓷器》隆重发行。

《披坐观音》 高28厘米，底座径13.3厘米。观音低首垂目，面形长圆，饱满丰润，神情慈祥，其发髻高束，中间插如意形头饰，头戴风帽，身披长巾，胸前璎珞珠佩亦作如意形。双手隐于衣衫下，一足半露，一足屈掩。通体施白釉，中空，背后戳印阴文篆书“何朝宗”三字葫芦形印章款。

《鹤鹿仙人》

《渡江达摩》 高42厘米，胎体厚重，洁白坚实，通体施白釉，釉面纯净莹润，呈象牙白色。达摩身披袈裟，前额宽大，鬓发卷曲，双眉紧锁，二目俯视，双手合抱于袖中，赤足立于汹涌的波涛之上，衣袂飘荡。人像背后刻“何朝宗制”四字阴纹印。

故宫博物院收藏的何朝宗作品有9件，其中：

《鹤鹿仙人》 高29厘米，通体施白釉，背后盖阴文篆书“何朝宗”三字葫芦形印章，国家一级文物。瓷塑人物鹤发童颜，双目微睁，面带慈祥笑容，身穿宽大鹤氅，怡然自得地盘坐在洞石之上。其头微偏，两臂交叉扶于石桌之上，右手托一经卷，俨然是一位仙风道骨的老神仙。洞石左侧卧一小鹿，昂头竖耳，凝视老人。洞石右侧立一仙鹤，长腿，曲颈，作寻觅状，鹤与鹿的动静完美结合，使整座塑像充满生气和情趣。

《趺坐观音》

国内省、市博物馆收藏的何朝宗部分作品：

《趺坐观音》 天津市博物馆收藏。高20.9厘米，背盖“何朝宗”葫芦形篆书印章，国家一级文物。瓷质细腻，呈象牙白釉色，朴素典雅，衣纹流畅，表情传神，形象逼真，极显静美柔曼的风韵。2008年入选国家文物局、第29届奥林匹克运动会组织委员会在首都博物馆主办的全国镇馆之宝汇展——“中国记忆——5000年文明瑰宝展”。

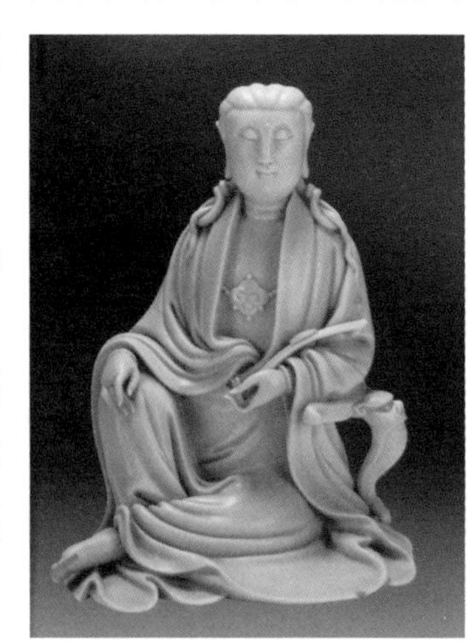

《如意观音》

《如意观音》 重庆市中国三峡博物馆收藏。高19.1厘米，釉色白中泛黄，背盖“何朝宗”葫芦形篆书印章，国家一级文物。观音发分六瓣，长瓣打结，垂于两肩；修眉细目，表情慈祥、端庄，倚于兽头圈椅扶手上。左腿盘起，坐式自如。衣着宽大，衣纹流畅自然。1992 年参加北京“中国文物精华展”。2005 年入选中国三峡博物馆“十大镇馆之宝”。

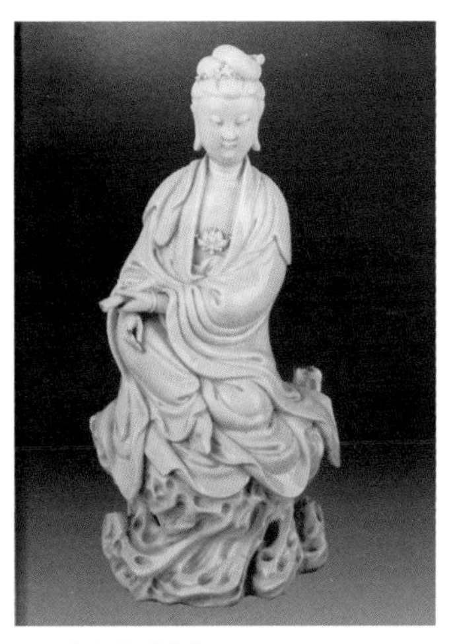
《坐岩观音》

《坐岩观音》 广东省博物馆收藏。高 22.5 厘米，背盖“何朝宗”葫芦形篆书印章。观音左手持经卷，姿态随意地倚坐在山石之上。略微俯首，面容清秀，直鼻小口，双目微合，形貌慈祥、安然。头挽高髻，一身素装，长衣广袖垂于盘曲的左腿之上，赤裸的右足从衣裾下半露出来，两手随意地放在竖起的右腿膝上，姿态自然悠闲，衣装疏朗流畅。在袒露出的前胸饰一朵宝相花，在净洁的基调中，增添了几分灵巧与华美，彰显出塑像的艺术魅力。

《祥云观音》

《祥云观音》 福建省博物馆收藏。塑像高 50 厘米，背部印有小篆“何朝宗”葫芦形印章及“宣德”方章，国家一级文物。观音头部正面饰三宝莲花，结高髻，上覆巾垂肩，面容端庄丰润，微含笑意，身着广袖通肩大衣；袒胸垂挂璎珞，两手戴镯，交叉于胸前；下着长裾，赤足立于云座上，衣褶随风飘动，文静慈祥，娴静若思。通体施象牙白釉，纯净莹亮，如脂似玉。体厚重，内空，座底露胎，洁白细腻。2008—2009 年参加日本“福建——海上丝绸之路文物展”，被列为明星展品。

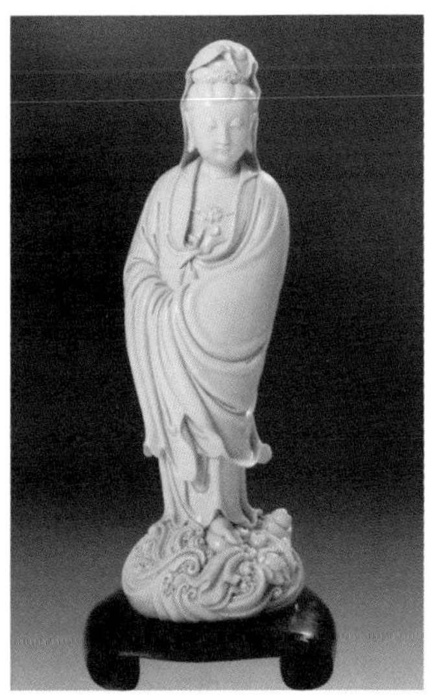
《渡海观音》

《渡海观音》 泉州市海外交通史博物馆收藏，是何朝宗代表作之一。塑像高 46 厘米，背部钤“何朝宗印”方形篆书印章，国家一级文物。塑像胎白质细，釉面滋润，呈乳白色。高髻，分上下两层，上层螺髻，中央以灵芝形发钗横缀，头顶披风巾垂于肩部。脸略呈椭圆，眼微闭，容貌端庄秀丽，清秀脱俗，别具神韵。背微佝，圆肩修身，颈脖及上胸袒露，横贯莲花形璎珞串饰。身穿宽长法衣，胸下部正中衣边向上交结成花冠状，双手成左拱势藏于衣内。衣纹皱褶密集，深修柔和，透明玻璃质感较强。衣裳下摆向右边角翻卷，若迎风飘拂状。脚下饰佛莲及飞溅的浪花。让人看到了一个救苦救难、普度众生、大慈大悲的形象，这形象又蕴藏着高深莫测的神秘气氛，给人以自由体会的广阔空间、自由领略的美妙意境。

中国收藏何朝宗作品情况一览表

表 12　　　　单位：件

省（市、区）名称	收藏单位	德化窑瓷器件数	何朝宗作品件数
北京	故宫博物院	500	9
	国家博物馆	30	1
天津	天津博物馆	多件	1
上海	上海博物馆	数十件	1
重庆	中国三峡博物馆	100	2
山西	山西博物院	多件	1
广西	广西壮族自治区博物馆	多件	1
河南	新乡市博物馆	多件	1
广东	广东省博物馆	1000	1
福建	福建博物院	1000	2
	厦门市南普陀寺	多件	1
	泉州市海外交通史博物馆	数十件	2
	泉州博物馆	数十件	1
	德化陶瓷博物馆	2800	2
	德化中国白瓷博物馆	500	3
香港	香港艺术馆	数十件	1
	攻玉山房	多件	1
台湾	嘉义市祥太文化馆	多件	1
	台北李梅树教授纪念文物馆	多件	1
合计			33

国外馆藏之宝 明清时期，德化窑生产的“中国白”瓷器被推崇为“中国瓷器之上品”。尤其是何朝宗创作的“何派艺术”作品，被誉为“东方艺术珍品”。世界许多博物馆将“何派艺术”作品列为“镇馆之宝”，作为衡量收藏中国文物水平的重要标志。

18 世纪初，德国的奥古斯特·斯特朗在德累斯顿建立约翰尼大美术馆，开始收藏德化窑瓷器，已达 500 多件。19 世纪，英国的大英博物馆，也开始收藏德化窑瓷器，总数已达 2000 多件，其中何朝宗作品 9 件。后来，随着“海上丝绸之路”商贸往来的繁荣，输往欧洲、美洲、非洲以及东南亚地区的德化窑瓷器逐渐增多，其中何朝宗等瓷艺大师的作品成为许多收藏家“共宝”的珍品。

世界各地收藏何朝宗作品情况一览表

表 13 单位：件

国家	收藏单位（人）	德化窑瓷器件数	何朝宗作品件数
英国	大英博物馆	2000	9
	维多利亚·阿尔伯特博物馆	70	3
	伦敦尤摩弗帕勒斯藏馆	47	1
	戴维基金会	50	4
	菲茨威廉博物馆	4	1
	阿斯莫林博物馆	24	2
	苏格兰皇家博物馆	25	1
瑞典	东亚博物馆	80	2
	卡尔·肯贝美术馆	70	3
挪威	卑尔根西挪威装饰艺术博物馆	8	1
荷兰	阿姆斯特丹市国立博物馆	10	3
法国	卢浮宫	多件	1
	巴黎吉美博物馆	30	3
俄罗斯	东方艺术博物馆	多件	1
美国	洛杉矶艺术博物馆	多件	1
	纽约市大都会博物馆	29	2
	芝加哥美术博物馆	58	1
	波斯顿美术博物馆	30	1
	鲍登学院博物馆	1	1

续表 13

国家	收藏单位（人）	德化窑瓷器件数	何朝宗作品件数
美国	纳尔逊美术馆	多件	2
	佛罗里达州立博物馆	多件	3
	纽约王兴楼藏馆	多件	1
加拿大	皇家安大略博物馆	22	1
新加坡	亚洲文明博物馆	200	3
印度尼西亚	亚当·马利克博物馆	10	1
澳大利亚	悉尼动力博物馆	多件	1
	悉尼新南威尔士艺术博物馆	多件	1
	墨尔本收藏家洛伦·卡拉斯	多件	1
合计			55

2007 年 11 月 5 日，非洲的几内亚共和国为纪念成为国际展览局成员国并正式确认参加 2008 年上海世博会，发行了中国瓷器邮票小全张，分有齿、无齿两种版本。小全张的观音为上海博物馆藏何朝宗款《渡海观音》，文字为法文，译为“中国瓷器，56000 几内亚法郎，2007 年发行，几内亚共和国”。观音塑像高 40 厘米，背盖“何朝宗”篆字葫芦印。同年，几内亚还发行德化窑的《送子观音》和《千手观音》邮票，但款识不清。

德化镇县之宝

据《福建通志》记载，何朝宗“善陶塑像，为僧伽大士，天下传宝之”。相传他身具名士习气，技艺精益求精，所塑之作，非达高妙艺术境界绝不轻易流出，并盖印在塑像背面，以示权属，是德化最早将姓名刻在作品上以保障自身权利的人。

何朝宗的作品风格清新高雅，所作器皿类手法简练，造型古朴，格调隽永，明快大方。瓷雕塑像形象庄重，气韵生动，以夸张的比例寓端庄于曲折的动态；遒劲圆润、深浅得宜、疏密对比强烈；富有节奏感的线条，多层次而又临风飘逸的衣袂，使观者叹为观止。当代雕塑艺术家王则坚教授把何朝宗作品视为德化“镇县之宝”。

白釉祥云观音立像 德化陶瓷博物馆藏。该作品高 49.5 厘米，底座 13.5 厘米 ×11.3 厘米，细白胎，施白釉，釉水滋润，底露胎。观音头饰高髻花冠，上覆披巾垂肩，面容端庄丰润，微含笑意。身着广袖通肩大衣，袒胸饰璎珞，两手带镯，交叠于腹前。下着长裙，赤足立于祥云之上，中空。形体修长，上大下小，比例准确，衣褶疏密得体，祥

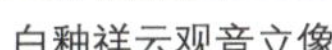

白釉祥云观音立像

白釉文昌帝君

云翻卷有动感，衬托观音普度众生的神灵形象。背部钤印葫芦形“何朝宗”款印章。

白釉文昌帝君 德化陶瓷博物馆藏。作品高 30.8 厘米，底座 14 厘米 ×10 厘米。胎质洁白细腻，施白釉泛牙黄色，釉色乳白，底露胎。文昌戴幞豆帽，国字脸，上下唇及下额留髭须孔，眉目清秀，神情庄重，内着右衽交领衫，外穿圆领长宽袖袍，腹部上下束带，左手凭几执书卷，右手扶膝藏于袖内，端坐于岩石上。底座镂雕岩石，衣纹褶皱洗练，线条流畅，塑造了一个饱学多才、庄重勤朴的文人形象。背钤篆书“何朝宗”葫芦形印章款。

市场淘宝 在 16 世纪的“东西洋”市场上，何朝宗的作品被誉为“东方艺术珍品”“世上独一无二珍品”，“可与米兰的断臂维纳斯相媲美……”英国、法国、瑞典等国家收藏家们“不惜以万金争购之”。

2005 年，在伦敦佳士得拍卖会上，一件何朝宗的《渡海观音》以 13.12 万英镑（当时约合人民币 185.07 万元）成交，德化白瓷单件作品价格首破百万元大关。

2011 年 12 月 29 日，在厦门举行国内首次德化白瓷专场拍卖会。会上，拍卖成交率 70%，成交总额 2000 万元。其中何朝宗的象牙白《坐岩观音》，以 260 万元（不含佣金）成交。该作品高 36 厘米，体态丰盈，面庞俊美，线条流畅飘逸，形神兼备，雅致大气，表现观世音菩萨大慈大悲、普度众生的境界。

2012 年，一件明代有“何朝宗印”印章的观音像在伦敦邦潮斯拍出 52.925 万英镑（当时约合人民币 534.58 万元），再次刷新德化白瓷拍卖纪录。

2014 年 11 月 26 日，香港佳士得 2014 年秋拍“重要中国瓷器及工艺精品”专场在香港会议展览中心举行。一尊何朝宗“达摩立像”，以 1444 万港元成交。这尊达摩立像高 40.8 厘米，达摩前额宽阔，眉角紧锁，双目俯视，满脸虬须，双手合抱于袖中，衣褶旋回，线条飘逸流畅，为何朝宗代表作之一。

同年 12 月 6 日，在德国 lempertz 2014 年“亚洲艺术”秋季拍卖会上，何朝宗的《坐岩达摩》落槌价 70 万欧元，含佣金合 700 多万元人民币，为全场拍品最高价，超过预估价 20 余倍。

附：作家眼中的何朝宗

关于德化瓷（节选）

郭风[①]

我是德化瓷器的爱好者。这有两个原因：一是我喜欢造型艺术，二是我又喜欢乡土艺术。这所谓乡土艺术可能是本人杜撰的一个用语，意为本乡本土的艺术。德化不是我的故乡，但作为闽籍人氏，乃以德化为广义的乡土，对外省人，若提及诸如泉州木偶、漳浦剪纸以及德化瓷塑，则充满一种乡情。

德化瓷器的造型与它的具有独特韵味的工艺，相得益彰。德化象牙白、高白、云白、孩儿红以及云彩等独特工艺，与民间的造型艺术家的艺术构思取得一种艺术心灵的和谐，使德化瓷器出现艺术精品。我曾在泉州、厦门等寺院内见及何朝宗的观音瓷塑，其艺术造诣，在我看来，可与古希腊的雕塑大师的艺术灵魂相通，可与十九世纪现代派雕塑肇始人、现代雕塑大师罗丹的艺术灵魂相通。何朝宗的观音瓷塑，看来是借佛像的外貌，注入世俗情感的艺术女神，宜其千古流传而不朽。北京故宫博物院保存何朝

① 郭风：1918 年生，福建莆田人，回族，散文家，中国作家协会理事，中国散文家学会会长，中国作家协会福建分会主席。

宗的一尊达摩塑像，但只在照片上见其形象，流露一种看破人情世态的品格，自是传世之作。

何朝宗和他的瓷塑观音

蔡其矫 ①

六十年代在泉州开元寺藏经阁，第一次看到何朝宗的瓷塑观音，惊奇于他艺术的精致，当下想到：这已不是宗教的偶像，而是艺术家心目中的美神！

那是座披坐观音，带着非人间的柔静，却又充满现世的哀愁。那紧贴肌肤的帔衣，褶皱纹线既有装饰意味，又有写实技巧，透露出少女的青春气息和生命的跃动，在敬神的虔诚中加入人间的情思，是宗教艺术和现实生活女性的混合体。尤其是脸部忧思的表情，显露出一种端庄、娴静而凝重，柔媚而单纯，优雅而高贵，丰富的感情蕴涵，足够使人一见倾倒！

对这历史罕见的瓷塑大师，敬仰之外我全心爱他。

这一回我有机会到他家乡德化，首先是热切地要追寻他的踪迹。明清两代，艺术家地位卑下，县志竟未提他一笔。家谱也只写到他先祖由江西入闽在军任职，奉命屯垦德化后所，子孙习文，此外杳然无闻。从民间传说去追索吧，只知道他幼年随父到当年兴盛的各寺院修塑佛像，可能有个时期是到处流浪的艺人。他的故乡后所，当时也有瓷窑，后来他就专事瓷塑。传说他每有作品，就放在窗台上听过路人评论，不满意就砸碎，留下的都是精品。幸而中国有印章艺术，在他得意的作品后面，深深印铭他的私章，才把他的名字传下来。现在世界各大博物馆，都珍藏他的名作。

本来佛像是抽象的，所以动人必有艺术家的移情作用在内，一定是从感情经历中获得灵感，是心灵深处隐秘的歌。那么这情从何来？模特儿是谁？文献和传说也都渺无消息！

从希腊雕像到印度石刻，再到敦煌彩塑，再到德化观音，这一艺术流程，又经数百年的炉火，传递何朝宗的创造精神，结合崇山峻岭的文化气

① 蔡其矫：1918 年生，福建晋江人，诗人，中国作家协会福建分会副主席。

质，影响到景德镇，形成为何朝宗的流派，借助本地瓷质洁白如玉，细腻地表现女性的雍容华贵，被誉为东方艺术的明珠。

有形形色色的观音，正如有形形色色的维纳斯。有渡海观音、盘膝观音等七十二种，大多数是不露手的。有人说是何朝宗愤慨于妇女受压抑，所以不露手。又有人说是考虑到远销外洋包装运输不受损，所以不露手。可不可以设想：米罗的维纳斯，正因为她断臂，把欣赏的目光集中到微斜微曲的躯体，才更动人；观音不露手，把注意力吸引到脸部和形体，超脱了客观的有限，给想象以余地，艺术才高人一等？

观音——美丽的女性，象征和平，博爱，慈悲，善良，还隐藏着爱和不自觉的人性观。明代，相当于西欧文艺复兴时期，有人类性升华明显的标志。瓷器的光滑清冷，蕴含着追求官能美的倾向，有秀雅、温柔和爱的魔力。突破固有的神性观念，渗进更多的世俗精神，表现女性的神秘和燃烧的生命火焰，把人提高到神的境界，神性中包含着人性，人性中包含着神性，神性和人性并存，在观音中达到理想的平衡。何朝宗满怀理想，也许生活中不能达到，只留下深沉的慨叹和美好的憧憬！

1989 年 1 月 7 日

瓷都德化小记（节选）

唐敏[1]

明代德化最伟大的、也是中国最伟大的瓷雕艺术家何朝宗的瓷观音，不仅被供奉在泉州著名的大佛寺“开元寺”内，还运到异国他乡，经历几百年的辗转。何氏的观音被称为瓷雕塑的最高艺术品，大英博物馆将它视为稀世之宝珍藏。他所塑的“渡海观音”瓷雕，头上罩着帔巾，袖手胸前，肉体露出的部分只有面部和一只脚的脚趾。恰是这深深的隐藏，使德化观音瓷雕的衣裙头巾的褶纹成了最精美的部分，其风格流传至今日。能够用来比拟何氏“渡海观音”衣纹线条的，只有中国古代画线条最美的画家吴道子的画。“吴带当风”原来只是平面上艺术，依靠线条来表现人体美态的

① 唐敏：女，1954 年生，作家，上海人，中国作家协会福建分会理事。

雕塑，恐怕只有何朝宗的渡海观音了。这样苦心造诣地设计观音，是考虑到海上长途的运输，容易将暴露的手足和头饰等细小部分损伤。德化的艺术家们终于设计了最朴素但神情生动感人的袖双手于胸前的渡海观音。从脖颈到肩背部的曲线是无法更改的最优美的造型，几根简单的衣裙的褶纹线条庄重典雅，让人感到衣裙内绝美的体材和肌肤，微微向上翘起的衣裙，表现出微风拂面裙衫飘动的踏步向前的动态。观音的面部和平安祥，在女性的容貌中带着男性相貌中的威严，头部微向下俯，集中了世上的谦和忍让和宽容而不再高仰头颅。正因为渡海观音朴素如“布衣荆钗”，表现了中国普通人的人性之美，才成为东方艺术的精品。何朝宗生活在明代，那时正是中国瓷器发展的鼎盛时期，渡海观音是瓷雕艺术中最优秀的作品，德化是伟大艺术家的故乡，是伟大艺术品的摇篮。

山间小道

瓷乡之旅

德化是中国陶瓷历史文化名城，荣膺“中国瓷都”“世界陶瓷之都”。浔中是瓷都重镇，有“瓷乡”之誉。经专家、学者对德化县旅游资源进行的普查，即根据旅游资源自身的特性、资源类型的珍稀特程度，以及外界对旅游资源的认知程度和社会影响等进行综合评价，浔中镇可供开发的旅游资源丰富，文化氛围浓厚，大部分资源经开发后，已融入全县旅游线路之中，为境内外游客提供轻松愉快、有一定文化品位的生活和艺术之旅。

风景名胜

西天寺 西天寺原名西天室，位于浔中镇祖厝村西天山北坡。始建于北宋年间，坐东北向西南，主体为中国传统的宫殿式建筑。屋顶为翘脊单檐悬山式，屋架为穿斗抬梁式，二进三开间双护廊，宽 25.4 米，深 19.9 米，建筑面积 505 平方米，古朴典雅，精巧别致。历代均有修葺，1979 年后又多次重修，殿宇完好。2008 年，经批准进行全面修葺，投资 70 多万元，寺宇面貌焕然一新。

殿堂上供奉观音菩萨像。20 世纪 50 年代末，原佛像被毁。1980 年，中国陶瓷艺术大师苏清河出资并重塑观音大士像。观音神像端庄、肃穆，金色中略显黝黑，彰显烟火

西天寺门楼

西天寺全貌

旺盛之态。观音左右两侧分别供奉普明祖师、西天寺第一至四代住寺僧神位。厅堂上悬挂清雍正十年（1732）匾额“慈心普济”，存有顺治十八年（1661）进士李道泰等捐赠的铁钟，光绪八年（1882）铸的铜香炉，清代雕塑的地藏王佛像，以及历代祖师古檀木牌等文物。还有明清时期木板楹联七副，其中乾隆十二年（1747）曾西元题联为“彼西耶此西耶灵爽如来法界何分彼此/是天哉非天哉浮云不染寸心自悟是非”，含蕴丰富，令人感悟深刻。

西天寺坐落在别致的小山坳里，背后是高耸的西天山，左右两条山梁宛若巨鸟张开的翅膀，上下起伏，自然延伸，当地人称之为“飞凤”，若把西天山与前面的两座山峰组合成一体，则像朝天挺立的“一炷香”，这是当地称西天净土的另一种说法。周围风光秀丽，花草繁茂，是人们游览的好去处。

西华岩 西华岩旧名西华室，又称“室仔岩”，位于浔中镇世科村大旗山，始建于元代，明万历年间（1573—1620）重建，是德化城关古刹之一。岩宇几经兴衰，20世纪60年代遭毁。1993年，中国陶瓷艺术大师苏清河捐资百万元复建。岩宇为二进式，宽18米，进深15.7米，砖、石和木结构，尾顶重檐歇山式，雕梁画栋，瑰丽壮观。大雄宝殿四点金皇宫式建架，均为石柱，其中石雕龙柱1对。厅堂供奉西方三圣金身以及

西华岩

地藏王、弥勒佛等，悬挂“妙相庄严”“佛国增辉”“佛光普照”等匾额，墙上有十八罗汉、梅、竹等壁画6幅，庭院中两株铁树葱郁浓绿，生机盎然。下厅堂置金刚、韦驮佛像，大门有“双龙抢珠”等石雕图案，寺内柱上书“西谷有泉尽甘露 / 华岩无叶不菩提”“西山鸟语知佛性 / 华林松涛悟梵音”“登山带三分仙气 / 进殿生一片禅心”等对联，佛教气氛浓厚。岩宇后建有缘阁，供奉释迦牟尼；宇前有放生池，周围竹林葱翠，环境幽雅、清静，为朝圣、观光胜地。

碧象岩 碧象岩位于观音岐南侧山顶，明万历年间（1573—1620），由乐陶、泗滨、邱厝、瑶台等地瓷民重建。

“碧者，石之清美也；象者，象教之简言也”，碧象岩命名之中，隐含岩宇所处的白泥岐山中富藏白而泛青瓷石之意，岩中观音有“万家祷告万家灵”之传闻。明代大学士张瑞图以观音岐、观音菩萨为内容撰写一对联：

怎得山因佛得山个个峰峦成佛骨，

那知佛缘山知佛声声梵语皆山名。

明代庠生陈凤鸣亦对碧象岩，及其所处的白泥岐富藏瓷土矿资源，以及周围景物作了生动描述：

碧象岩

何年碧象灵岩栖，踏碎琼瑶尽作泥。
烨烨宝光开佛土，晶晶白气压丹梯。
天花散落山花灿，竹影参差云影齐。
欲觅仙踪归觉路，空余片石漫留题。

2002 年 9 月，当地村民重建碧象岩圆通宝殿，建筑面积 580 多平方米，正殿为砖木结构，屋顶为重檐歇山式，上盖金黄色琉璃瓦。殿堂为四点金皇宫式建架，内供奉“何派”瓷雕观音大士、善财、龙女，以及地藏王、达摩、三代祖师、吴公真仙等佛像。正殿大门悬挂中国佛教协会原会长赵朴初题写的“圆通宝殿”，以及新加坡佛教协会会长妙登法师题写的“古刹重光”等横匾。佛龛上悬挂中国舜文化研究会名誉会长、台湾师范大学教授陈大络书写的横额“碧象岩”。

碧象岩环境优美，东有五凤飞翔，南面天马行空，西边紫云缭绕，北望金鸡报晓，山峦叠翠，其两侧为观音岐与拏云山主峰，两峰对峙照应，气势磅礴。山巅状似牡丹，双峰山脉如凤飞龙舞，被誉为“飞凤朝牡丹”，故又名“凤岐山”。碧象岩中的联文“碧地丹山雏凤舞，象峰云海潜龙飞”，是对观音岐碧象岩地理环境的真实描述。电视差转台、近代战壕、古代瓷土矿遗址分布其间。观音岐与碧象岩，已成为人们观赏瓷都风景，品味陶瓷文化的胜地。

唐寨山森林公园门楼

唐寨山森林公园　位于浔中镇西北部，其范围为东至大旗山、南依县城区、西至酒山、北抵通天烛山，面积 1475.8 公顷，为中低山地貌。地势从北向南倾斜，坡度较缓。唐寨山高 627.8 米，一峰独秀，靠近城区，与周围山峰构成唐寨山森林公园主体。

唐寨山内溪流除了浐溪从西、南边缘流过外，还有彩溪。彩溪位于唐寨山西北侧，发源于通天烛山下，因溪中段有五彩斑斓的溪石而得名。

唐寨山植被丰茂，生物资源丰富，森林覆盖率达 91%，主要植被类型有针叶林、阔叶林、针阔混交林、经济林、灌丛、竹林、草丛等 7 种，以马尾松、杉木为主的常绿针叶林约占公园森林面积的 70%，还有多种人工桉树林。阔叶林树种以甜槠、米槠、阿丁枫、樟、楠、木荷等为主，藤木以杜鹃属、栓木属、冬青属等种类为主，草木植物以中华里白、狗脊、藤类植物为主。公园内有数十株树龄逾百年的古樟、柏树、大枫树，以及其他古木群，其中有株数百年的古樟树，高 18 米、胸围 0.55 米，可品、可赏。

唐寨山森林公园以青山绿水为依托，以陶瓷和宗教文化为内涵。主体公园内有唐寨山森林公园门楼、唐湖泛月、唐寨园林，以及佳美亭、百竹园、纳闲亭、绿坞岚光、松风亭、凝碧亭、涌泉亭、鑫鑫亭、溢香果园、占樟映塔、驷高古塔、浐溪湖光、名驹饮泉、神龟盗笋、石笋问天等景点。

涌泉亭

门楼位于唐寨山公园入口广场，坐北朝南，石柱、三门，石柱上有“瓷都披绿装，佳景惠人间”等金字对联。广场两侧种有福建山樱花、十八学士茶花、桂花、杜鹃花等。广场西北侧有人造瀑布，高 18 米；东北侧为木栈道，迂回曲折，与“好汉坡”相连。

唐湖系人工湖，面积 2.1 公顷。湖边有鹅卵石铺成的人行道，上置十二生肖瓷雕像，与湖畔的垂柳、美人蕉、罗汉松等，在水中与明月交相辉映，妙趣横生。

唐寨园林面积 366.6 公顷。为低山地貌，山体浑圆，地形多变，林木苍茂。春可赏花，夏可纳凉，秋品甜果，冬观碧林，是城关居民晨练、登高观赏城区美景的好地方。

驾云亭公园 龙浔山亦称驾云亭山，海拔 549 米，位于县治东北隅，势若龙蟠。下临浐溪，为县治主山。东隅与妙峰山接壤，西有大旗山拥卫，南峙凤翥山，北枕大洋山。驾云亭位于其巅，下为文昌庙、早春亭，山右为天后宫，左麓则为东岳庙、先农庙。屹立千尺，气象峥嵘。峦阜盘转，凭高一览，城市凸现，溪山环绕，远近村落、林原如在襟带间。清康熙二十六年（1687）《山川志》载：“巅多石笋，岩石礧硊，奇树郁葱，古松连数抱，其阴生马齿白石。每春风和媚，秋气澄鲜，游屐接踵。鼎革以后，兵燹焚毁，俯仰之间，举目非旧。”

龙浔山是德化历代的游览胜地，有多处人文古迹。北宋宣和年间（1119—1125），知县事刘正凿其巅构亭，曰“妙峰”，又曰“最高”。人云山不可凿，正曰：“此睡龙也，凿之则醒。”康熙二十六年《山川志》载：“绍兴中，令（知县事）吴崇年削石笋火焰，民死者过半，盖伤山脉太甚也。”南宋嘉熙三年（1239），在山麓宾阳门外云龙桥北建东岳庙。明代，知县绪东山再建亭，更曰“驾云”，在亭下建“醒龙楼”；在龙浔山上建早春亭、真武楼、三官殿；在山麓建龙浔书院。清代，在龙浔山麓宾阳门外建先农坛庙，在醒龙楼旧址建文昌庙、魁星祠。此外，还有位于山麓、建年失考的龙山观。民国初年，尚存驾云亭、文昌庙（阁）、魁星祠、天后庙等古建筑。

1981年，县政府投资建龙浔公园，面积4万多平方米。北面有简易公路，可通车抵文昌庙（阁）旧址。南面的十曲170级石阶，可直达园林管理处。园林管理处办公楼前，池中荷花亭亭玉立，池上小桥佳人倩影；楼西，温室花圃3000余盆茶花、菊花等争芬斗艳。1983年，在原址重建驾云亭。经几年培植，龙浔山植被茂密，已形成稳定的乔灌混交林，绿意盎然。

2001年后，县政府广泛征求意见后，投入百万元资金，拓宽改造南入口门牌楼，建有宽畅的台阶，设假山和“驾云亭公园”牌匾；在园林管理处前，把原荷花池改建成可容纳千人的娱乐活动场所，以及可供市民休闲、观赏城区风景的古式画廊。2007年后，先后复建龙浔书院和文昌阁等。龙浔山成为德化城区市民休闲娱乐、登临览胜的主要场所。

驾云亭公园内的休闲广场

驾云亭公园一角

凤池公园 位于凤池街、浐溪北岸。2008年，拆除龙津桥至鸣凤桥沿溪地段建筑物，投资700多万元，建设凤池公园。公园内建有廊亭、水池，植有樟树、罗汉松、柳树、绿竹、茶花、铁树等花木，廊亭掩映在繁花绿树之间，错落有致。沿溪有花岗岩雕琢的护栏，整洁雅观。用砖块或鹅卵石铺筑的人行道，古香古色，曲径通幽。用石板材铺筑地面的广场，在绚丽多彩的华灯映衬下，显得灿烂辉煌。

公园分东西两个小区。东区休闲广场前置两尊小石狮，与县政府大门前两尊较大的石狮前后相随，像卫士守护着勤劳朴实的人们。广场中间置“黄龙喷水”设施。在节假

凤池公园一角

翰林珠笔

日的夜晚，华灯闪亮。一排排多彩的水柱腾空而起，伴随着动人的音乐，吸引许多民众纳凉欣赏。平时夜晚，广场上也有许多人休闲游玩，习舞爱好者伴随着优美的乐曲漫舞，也有夫妻俩牵着小孩嬉戏玩耍，享受天伦之乐。

公园西区置有一条弯弯曲曲的小溪，长约100米、深0.5米，上有小桥流水，源头设一水墨池，中竖一支石雕文笔（毛笔），盘龙绕杆而上，高5米，上刻“翰墨流芳”。人穿行在长着绿竹、翠柳、花丛的溪旁小道上，清爽愉快。园中还建有石雕“日晷”，圆盘直径2.4米、用地面积20平方米。“日晷”圆盘上刻十二生肖时辰，是中国古人利用日影测时刻的一种计时仪器。

公园地处德化县城关中心，是城区居民和外来游客休闲娱乐的主要场所。

文庙　德化县文庙位于浔中镇凤凰山下，有引凤来仪之说，与龙浔山，构成龙凤呈祥之地。

北宋天禧至庆历年间（1017—1048）始建于“县治之东”；熙宁至元丰年间（1068—1085）迁“东南隅沙坂”；南宋建炎年间（1127—1130）回迁“县治之东”。明万历元年（1573）移建于“大洋山之阳”，即现德化第一中学址。1000多年来，遭遇七次灾祸，其中两次毁于火灾、三次毁于兵寇、两次毁于洪水。尽管命运多舛，但是历代主政德化的知县、教谕在财力“捉襟见肘”之下，不乏“廉洁自持”“割俸以助”者，举全县民众之力，予以重建、复建、扩建、改建，共23次，文庙礼制建筑规制完整，

文庙

2015 年德化县举行祭孔暨孔子文化教育奖颁奖典礼

建筑群体规模恢宏，极具闽南建筑风格兼德化地方特色。

1923 年，在文庙右侧明伦堂创办县立初级中学，后更名为培风初级中学。抗日战争期间，省立晋江中学迁入，培风中学并入晋江中学。抗日战争胜利后搬回泉州，德化初级中学在文庙续办。1952 年，德化初级中学更名为德化第一中学，校址仍在文庙，并延续不变。1979 年 10 月 25 日，文庙又遭火灾焚毁。至此，留给后人的有碑记 5 块。这 5 块石碑记载了文庙历次劫难又重生的沧桑历史。此外，还有一块“修学纪略”碑、一块“上谕”残碑、一对残缺的石鼓。这些仅存的文物都是文庙沧桑历史的见证。

2011 年，德化县委、县政府决定移址凤凰山复建文庙。同年 6 月 20 日，县委召开专门会议，提出文庙复建要突出“传统文化、崇尚知识、道德教化”内涵，确定浔中镇政府、浔中村及其他有关部门应承担的责任和任务。10 月 7 日，县委再次召开专题会议，把文庙复建提升为“全县人民精神文化生活的一件大事，是一项民心工程、德政工程”，决定举全县之力，确保文庙复建工程顺利进行。同时要求浔中镇政府、浔中村负责做好民房征迁工作。11 月 13 日，在全县“解放思想、破解难题、推动发展”务虚会上，县领导、县直各部门单位主要负责人率先垂范，为文庙复建捐款 14 万元，拉开文庙捐款

文庙内的瓷塑孔子像

序幕。此后，全县各机关团体、企事业单位干部职工捐款 140 万元。企业家们也慷慨解囊，捐资 1400 多万元，其中浔中境内冠福公司、群盛集团和安徽龙桥矿业公司各捐资 100 万元。在北京、上海、广东、厦门等地的乡贤也热情捐款 118 万元。全县广大干部、群众捐资总额达 2000 万元。

2013 年 9 月，德化县文庙复建工程竣工，内设大成殿、东西庑和下殿，建筑面积 1213 平方米。大成殿内置孔子瓷雕塑像，以及“四配”“十二哲人”铜像。孔子塑像由许兴泽、赖礼同联袂创作烧制，高 2.29 米，上海基尼斯大世界确认为整体烧制最高的瓷雕塑像。同时还建有泮池、广场等配套设施，总建筑面积 2500 多平方米，总投资 1500 多万元。德化文庙设建成后，还成立孔子学会等文化团体或组织，设立孔子文化教育奖。每年 9 月 28 日，即孔子诞辰日，举行祭拜孔子暨孔子文化教育颁奖典礼，对传播中国优秀传统文化、培养人才等有突出贡献的中小学教师、文化工作者颁发奖状和奖金，鼓励人们传播中国优秀传统文化，把文庙作为国学教育、师德教育、道德教育的阵地，让中国优秀传统文化永续延绵，发扬光大，为建设和谐社会服务。

陶瓷博览

德化陶瓷博物馆　德化陶瓷博物馆，位于唐寨山森林公园，由陶瓷博物馆大楼、规划建设馆和文化广场三部分组成，总面积 5.47 公顷。2003 年 10 月动工建设，2006 年 10 月对外开放。博物馆用地面积 3.33 公顷，大楼建筑面积 5700 平方米，为框架结构二层仿古建筑，一层为德化陶瓷史话，二层是当代企业艺术产品展，内设 6 个展厅，以及学术报告厅、陶吧、资料室、库房、监控室等，集收藏、展览、科研为一体。馆内有藏品 5000 多件，其中国家一级文物 10 件、二级文物 5 件、三级文物 409 件。2009 年 6 月，被国家文物局评为国家二级博物馆；12 月，被中国科学技术协会命名为“全国科普教育基地”。

博物馆一楼大厅的屏风墙上镶嵌着一幅白瓷高浮雕壁画，描绘了“中国白”的制作

德化陶瓷博物馆

过程和主要精品。一楼的三个展厅陈列德化陶瓷史话，即以陶瓷发展历史为主线，系统展示德化县古今陶瓷发展的历史和现状，分为七个单元：

第一单元“水土宜瓷、千年陶烟”。透过烧制陶瓷的烟尘，可以看到德化境内优质的瓷土资源为德化“中国白”的诞生提供了得天独厚的条件。

第二单元“宋元瓷器、崭露头角”。宋元时期，泉州为“东方第一大港”，商贸繁荣，德化瓷业也兴旺，物美价廉的精美瓷器畅销海外，成为“海上丝绸之路”的重要商品。

第三单元“明代白瓷、独树一帜”。在宋元白瓷的基础上，德化陶瓷艺人经过实践和创新，成功烧制了风格独特的象牙白瓷，其制作之精美，格调之高雅都达到时代的高峰。一座座白釉观音，以及杯、盘、壶、罐、三足炉等，每一件器物，都足以彰显明代德化陶瓷技艺的成熟和辉煌。

第四单元“清代青花、诗情画意”。是德化明代辉煌时期的延续，并略有创新，德化窑的彩瓷，以釉下青花为主，兼有釉上五彩、粉彩等。展厅里的五彩九龙天球瓶、青花百寿纹盘、青花山水人物碗等，都让人耳目一新，流连忘返。

唐・青釉双耳罐

北宋・长颈瓶

南宋・盘口壶

元・印花粉盒

明・对狮

明・童子拜观音

明・军特

清・九龙天球瓶

清・山水青花瓶

清・坐莲如来

第五单元“海丝瓷路、蜚声宇内”。唐至五代，德化瓷器开始外销；宋元时期大量外销，明清时期是中国对外贸易的主要商品之一，在国际市场上被称为“上国瓷器之上品”。博物馆里展出的藏品是这一旺盛时期的再现，让人们可以再次看到德化窑瓷器蜚声世界瓷坛的盛况。

第六单元“民国瓷器、承袭传统”。民国时期，德化陶瓷业一度走入低谷，但民间艺人仍继承传统，坚持从事制瓷，使德化传统工艺瓷保持一定的生命力，并出现一些亮点。在德化陶瓷博物馆里，麻姑与鹿、刘海戏蟾蜍、五彩双喜人物茶壶等都被认为是传世精品。

第七单元“瓷国明珠、百花齐放”。这里收藏了当代德化大师们许多精品，以及西洋工艺瓷等，从不同角度展示了德化陶瓷生产工艺的艺术特色、贸易状况及其人文内涵，阐明了德化窑的历史地位和作用，表现了瓷都人民的勤劳智慧和开拓创新精神。

陶瓷博物馆前有广场，广场上雕 20 多座塑像，其中何朝宗塑像高 9.9 米、手托一尊观音塑像，古朴庄重，英俊潇洒，彰显“瓷圣”的高大与影响力。其他一尊尊塑像，是德化瓷工们辛勤劳作的身影，是他们挥汗如雨、奋斗不止的写照。仔细观察、品味广场上的作品，像是读一部引人入胜的书！

翰林陶瓷城 翰林府邸，位于浔中镇凤池街，2011 年开工建设，2014 年 1 月竣工。

民国・刘海戏蟾蜍

民国・叶形五彩笔洗

由 1 ～ 3 层连成一体、4 层以上四座相对独立的高楼组成。楼高 30~32 层、约 100 米，用地面积 15623 平方米，建筑面积 124645 平方米，总投资 3.6 亿元。地面第一层、第二层为陶瓷城，设上下两条室内“陶瓷街”、118 间店铺、总面积 9650 平方米，投资 0.4 亿元。2014 年 9 月 28 日，陶瓷城举行开业典礼。2015 年 6 月底，已进驻陶瓷行业单位、厂家 90 家，其中有德化陶瓷行业协会翰林陶瓷城分会、泉州工艺美术学院大学生创业中心陶瓷体验馆、陶瓷科研所和陶瓷企业设置的产品展销厅、文化传媒单位和游客服务中心服务窗口等。

翰林陶瓷城外观

翰林陶瓷城室内街

翰林陶瓷城陶瓷商店（一）

翰林陶瓷城陶瓷商店（二）

在翰林陶瓷城，集中展示了德化陶瓷的精品。走在城内的“陶瓷街”上，冬暖夏凉，清新舒爽。两旁陶瓷店井然有序、整洁典雅。

走进冠福公司翰林陶瓷城旗舰店，可以领略到这家上市公司的气派。在200多平方米的展销厅里，杯、盘、碗、煲，品类齐全，质量上乘。

走进古香古色的泉州工艺美术学院大学生创业中心体验馆，可以观赏到“德化窑”的模型和窑具，了解陶瓷烧成的过程；一群群青少年在精致灵巧的转盘上，体验手拉坯成型的乐趣，可以让人感受到陶瓷制作蕴含的奥妙和情趣。

在木窑陶瓷研究所、宏友陶瓷厂等展销店里，陶瓷工艺美术大师们的艺术作品，让人一饱眼福，《披坐观音》端庄典雅，《渔女晚归》身姿婀娜，《老子悟道》令人思绪万千，《龙腾盛世》《福在眼前》等瓷雕作品使人身心轻松愉快，给人以振奋、鼓舞。

在“莲花阁陶瓷”等一些还不太出名的小店里，错落有致的货架上，摆着大大小小的瓷器，有家庭常用的碗、盘、缸等日用瓷，有端庄慈祥的观音菩萨、憨厚可爱的弥勒佛等传统工艺瓷，有喜怒无常、滑稽可笑的西洋工艺瓷等，琳琅满目，美不胜收。在“楚汉陶瓷”“泰湖堂陶瓷”“群盛陶瓷”等店里，玲珑剔透的杯、瓶，以及栩栩如生的花朵、动物等，令人目不暇接，爱不释手。

每天来自五湖四海的客人，走进翰林陶瓷城，像走进一座千姿百态、色彩缤纷的花园；走进一条高雅、神秘的艺术长廊。许多人在赞美陶瓷精品的同时，产生了探索瓷都艺术家们智慧和奥秘的愿望。走出陶瓷城，想着背包里鼓鼓囊囊的器物、看着手上一件件如脂似玉的珍品，也感受到了“中国白”“德化名瓷、瓷国明珠”带给的收获和喜悦。

泉州陶瓷文化生态旅游节——快乐陶瓷

顺美陶瓷文化生活馆

旅游服务

旅游线路

德化县是中国最佳生态旅游县，境内有三大旅游线路，即以石牛山旅游度假区为核心的东线山水休闲旅游线，以九仙山景区为核心的西线生态栖养旅游线，以县城为核心的中线陶瓷文化旅游线。浔中镇地处德化县城核心区，是德化县旅游管理机构“德化县旅游事业局”所在地，有中国旅行社、瓷都旅行社、瓷国明珠酒店、瓷都酒店等旅游服务单位，为德化三大旅游线路的出发点。

东线山水休闲旅游线　从浔中境内的瓷国明珠酒店等出发，经境内的顺美陶瓷文化生活馆，前往东线旅游区，一日游或二日游。

西线生态栖养旅游线　从浔中境内的瓷都酒店等出发，有两条线路前往西线景区：一是经境内的凤池公园、唐寨山森林公园等，前往西线旅游区，一日游或二日游；二是经境内的陶瓷博物馆、石鼓美食街、西天山景区等，前往西线旅游区，一日游或二日游。

中线陶瓷文化旅游线　从浔中境内的住宿酒店出发，经浔中境内的翰林陶瓷城—陶瓷博物馆—顺美陶瓷文化生活馆，然后前往龙浔镇的月记窑、陶瓷街等一日游。

旅行社

德化县中国旅行社　位于浔中镇凤池街西门，原称德化县华侨服务站，1952 年 1 月创办。1963 年 3 月改称德化县华侨服务社，1975 年 12 月成立德化县中国旅行社。2001 年，成立德化县中国旅行社有限公司，为中国旅行社下属单位，主要经营国内旅游及相关业务，为国内城乡居民、归侨侨眷、港澳同胞，以及海外侨胞的旅游、探亲等提供住宿、饮食等服务。

福建省德化瓷都旅行社　2006 年创办，位于浔中镇凤池街，法人代表、总经理林冬阳。瓷都旅行社以“信誉是企业第一生命”为宗旨，承接外地组团到德化旅游人员，包括团队和散客，可代航空公司出售机票、出租旅行车、提供旅游咨询及代办旅游相关业务。

泉州康辉旅行社有限公司德化经营部　2007 年设立，位于浔中镇凤池街，负责人施能其，拥有德化戴云大酒店（四星级）、石牛山度假村（准三星级）旅游连锁企业，以“消费适中、质量第一”为经营理念，以德化境内的石牛山、九仙山旅游为主，为游客提供餐饮、住宿、导游等服务。

餐饮服务　民国时期，浔中通往大田、尤溪、永泰、永春、仙游等沿途村落，均有供来往旅客、挑夫歇脚、吃饭、住宿的农家，以农为主，以家为店，为过往客人提供饮食、住宿等。1937 年，西门、西馆尾、三角街等有饮食、住宿等服务业商家 29 家、从业人员 35 人。饮食业以流动摊居多，经营饭粥、米粉、肉制品、面条、馄饨，以及甜食等。

1952 年，浔中镇境内有办理登记的私营饮食业商家 15 户、从业人员 24 人。西馆尾有多家客栈。1955 年 4 月，县属浔中供销社吸收私营饮食业人员 9 名，组建城关合作饭店，在西门、云龙桥北侧、三角街设门市部，以经营饭粥为主，其次是面条、面包、馒

瓷国明珠酒店外观

瓷国明珠酒店内部

头、盘菜等。1957 年，德化县在凤池街设干部招待所；1958 年，县供销社在西门、三角街创办国营德化服务社，内设餐馆、旅社、照相馆等。

1979 年，城关有西门、三角街两家国有饮食店，从业人员 22 人。1985 年以后，国有饮食店改制，由私人承包经营。1990 年后，因大城关建设、旧街改造，国有饮食店关停、转让，被私营饮食店、餐馆等替代。2000 年后，浔中镇区较大的酒家有瓷都酒店、瓷国明珠酒店、凤凰酒店、唐华大酒店、山水居酒楼等，其中四星级酒店 1 家、三星级酒店 1 家，集餐馆、住宿、娱乐、商务为一体；小型餐馆、饮食店 50 多家。

石鼓美食街　石鼓村位于浔中镇西北部，距德化县城关中心区 4 千米，土地面积 4.33 平方千米。

2010 年，德化县第四次修编城市总体规划，石鼓村纳入城区建设规划范围，拓宽改造城区至石鼓村公路，设四车道，18 米宽，水泥路面，安装路灯，投资 630 多万元。石鼓村民抓住机遇，按照县城区建设规划，加快新村建设步伐，建起古香古色、经营传统美食的农家店，在村部附近形成一条长百米的小街，被称为“石鼓美食街”。

美食街有农家店 17 间，高 2~3 层，每间大者 30 多平方米，内摆 2~3 张餐桌；小者十多平方米，仅摆一张餐桌，墙上有的挂书画；有的挂“吉祥瑞气临仙境；山宝精美醉客心”之类的楹联。店名也风趣、典雅又带有农家风味，其中有“吉祥山宝”“常来聚”“老农庄”等。每间农家店均以接待游客、小团体，或者家庭团聚用餐为主。以德化当地土生土长的“三黑”（黑鸡、黑兔、黑羊），以及黄花菜、黄茶油、红菇、淮山、竹笋等为主要食品原料，根据客人要求或烧，或炒，或焖，或煨，精心加工，尽量让客人感到实惠、满意。

石鼓美食街一角（一）

石鼓美食街一角（二）

贾探春　王熙凤　林黛玉

薛宝钗　贾元春　贾惜春

妙玉　李纨　秦可卿

巧姐　史湘云　贾迎春

邱双炯薄胎瓷塑作品《金陵十二钗》

风土民情

浔中镇地处城关及郊区，历来人员来往频繁，乡风民俗受全县各乡村的影响，呈现多元化趋势，既融合了全县带普遍性的风俗民情，又体现出带有陶瓷文化的地方特色。祭窑神虔诚庄重，舞狮者威风凛凛，舞龙者英姿飒爽，唱南音和北音难分伯仲、韵味悠扬，大鼓吹声音洪亮，舞蹈妙趣横生。浔中成为德化较有代表性的民俗活动区域之一。

窑坊公

陶瓷祭品

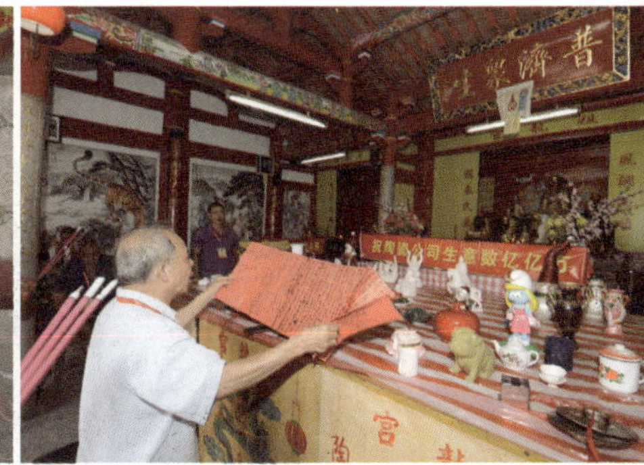

祭窑神

瓷乡习俗

古代，人们往往把瓷业兴衰寄托于神的保佑，塑造一些偶像进行奉祀。这些偶像有的是远古神话传说中的人物，有的是为陶瓷业做出贡献甚至献身的人物。由于各地传说不一，所奉祀的偶像亦不尽相同，形成了具有地方特色的民俗文化。

祀窑神 传说唐末德化宝美有位瓷工叫林炳，一心想试拱形大窑烧瓷。因技术不得法，屡试屡败。一天夜里，梦见九天玄女飘然而至，露出一对乳房，频频示意。林炳领悟梦中寓意，将窑房砌成像乳房一样的圆拱形大窑，称为鸡笼窑。后来，又利用山坡地形，把几个窑房串联起来，逐渐演变成龙窑，亦称蛇目窑。

为了感谢九天玄女的“点化”之恩，人们按照林炳梦中情景塑造了玄女像，建立玄女宫奉祀，并把制陶始祖虞圣大帝（即虞舜）尊为陶瓷业圣神。后来，又塑林炳像恭奉于玄女之右，林炳被当地住民尊为窑坊公，一同供奉。明初，玄女宫更名为白沙宫；清同治年间（1862—1874），又更名为祖龙宫，并一直沿用至今。每逢农历五月十六日，为窑坊公诞辰之日，当地都要举行庆典活动，以新开发订单产品，或新创作并获奖的瓷塑艺术品为主要供品，成为当地别具一格的传统习俗。

祖龙宫

祭“瓷圣” 明万历年间（1573—1620），观音岐四周瓷民为传承“瓷圣”何朝宗的瓷雕艺术，于观音岐上建一座观音岩寺，取名为碧象岩。该岩寺正殿和左右副殿为斗拱，四点金式、木结构，还建有藏物室、佛事管理室、香客接待室等。正殿中奉祀的神像，有何朝宗雕塑的一尊观音菩萨，以及善财、龙女等。两边殿中供奉达摩祖师、三代

祖龙宫内景

祖师、吴公真仙等神佛像，香火兴旺。清嘉庆十二年（1807），碧象岩重修。1936年又维修。岩寺中住有和尚、居士、尼姑，负责管理日常事务。“文化大革命”期间，碧象岩及泥塑观音神佛均被毁坏。2002年冬，由陈、邱、苏、颜、孙、林、吴等姓氏村民联合重建。不论历史如何变迁，碧象岩始终是附近瓷民纪念何朝宗的载体。

窑坊公诞辰节日 农历五十月十六日，是坊公圣诞纪念日。这一天，在乐陶等村，以窑炉合伙人为群体，各自在祖厝或较大民房设坛敬奉陶瓷业圣神——虞圣大帝、玄女和风火童子。供品有茶、酒、馔盘（内置糕点、果品）、三牲（猪头、鸡、鱼）及菜肴，请道士主持做道场。各道场又统一请木偶戏班演出。这一天，工厂放假，瓷业主宴客，热闹非凡。做道场、演戏时间长达5~7天。

窑炉点火仪式 凡是新窑炉点火，或旧窑炉重新点火，都要举行窑炉点火仪式，祭祀窑坊公。设神坛者，在神坛举行；未设神坛者，则在窑炉前举行。点上香火，摆上猪头、菜肴等供品恭请窑坊公，保佑窑炉红火兴旺，烧好瓷，卖好价钱。瓷业主还要给点火者送红包，恭喜发财。

古乐歌舞

南音 南音是浔中镇区域内主要地方音乐，明清时期已很盛行。南音演奏形式分“上四管”和“下四管”两种形式。通常所指的南音为“上四管”，即由洞箫（或品箫）、琵琶、三弦、二胡和拍板（持拍板者主唱）组成的合奏。“下四管”又称“十音”，以南嗳（中音唢呐）、琵琶、三弦、二胡、响盏、狗叫（小铛锣）、铎（木鱼）、

南音演奏现场

八音演奏现场

四宝、声声（铜铃）、扁鼓合奏，一般较少见。每逢春节、元宵节或其他节日，街道和农村常闻见演奏南音。中华人民共和国成立后，南音在继承传统的基础上，又有创新和发展，如曲调不变，填上具有现在思想内容的新词等。1983 年以来，德化县多次举办南音会唱，浔中镇均有人参加。1996 年，南音以地方特色教育之一，列入浔中中心小学教学内容。

八音 德化以浔中、石鼓、仙境等村的“八音”最出名，主要乐器有：琵琶、品箫（横笛）、嗳仔（哨呐）、二弦、三弦、响盏、碰铃、小叫、木鱼、四块、小铜钹、小手鼓、铜钟。有的八音没有琵琶、三弦、碰铃、小叫、响盏等小击乐，但有鼓、锣、钟、大小铜钹等。

八音演奏的套曲（指）和散曲有:《出庭前》《鱼沉雁杳》《纱窗外边》《绣成孤鸾》《你因势》《为着三哥》《我为汝》《因送哥嫂》《为伊割吊》《听见杜鹃》《三更鼓》《高楼上》《小妹听我说》《重台别》《岭路斜剞》《师兄听说》《出汉关》《山险峻》《荼蘼架》《告大人》《昭君出塞》《别离君王》等。

石鼓村、安卿村的八音，据说是清朝时从广东茂名传入的，至今已有 200 多年的历史。据悉，广东八音是一种吹打乐组合，由八人组成，有吹、击、弦乐器，有固定的曲谱和曲牌，根据婚丧、祭祀或庆典的不同要求选用。演奏时有规定的服饰，一般穿艳丽袍褂礼服……八音在清嘉庆道光年间（1796—1850）盛行于茂名信宜镇地区，其中以德乔的最负盛名。

“安卿八音”有八种乐器，分别是月琴、双笙、三弦（共有两把但音色各不相同）、椰胡、扁鼓、笛子、板拍等，由八人各持一种乐器演奏，“安卿八音”与“茂名八音”在形式和内容上相似，属于同一戏曲流派。

据《曾氏族谱》及《德化县志》记载，浔中石鼓村曾氏先祖曾重登会试登进士榜，乾隆四十三年（1778）授广东省高州府茂名县正堂，“安卿八音”正是曾重登从茂名辞官返乡时带入德化的。因“安卿八音”与德化其他民间音乐风格不同，特别是唱词用广东话唱，所以学起来特别困难，只能一句句死记硬背，再根据工尺谱唱。因为难懂难学，所以有“八音不出石鼓村”的说法。

装搁　装搁是南音演唱节目中的一种特殊形式。清末至民国期间，浔中装搁在德化、永春、大田等县很有名气，每逢菩萨进香或重大庙会，常有“装搁”节目参与活动。它必须先用木条、木板制作成一个像轿子一样的长方形框架，上设有座位和脚踏板，系有彩带，装饰绘有山水、花草的布景。选一位会唱南音的少女，称“搁旦”，穿着古代服饰，化装得像唱戏一样漂亮，坐在搁轿上，由八个身强力壮的人抬着，手执拍板，演唱南音，两旁及后面有伴奏的南音乐队随行。搁旦不会演唱南音者，被叫作“哑巴搁”。乐队和抬搁的人要统一服饰，还要按一定的模式统一化装。搁队随游行的队伍前进，是踩街队伍中最热闹的场面之一，很受民众欢迎。

大鼓吹　大吹（大嗳）因声音洪亮而得名。是德化浔中民间中富有特色的古乐演奏队，是鼓吹音乐之一。其鼓高一米左右，鼓面的直径八九十厘米。浔中、丁墘、乐陶等大鼓吹队中配有大鼓一面，大锣（直径 60 厘米）一个，中锣一对；大钟、中钟各一对，大吹两对；大钹、中钹、小钹各一对。演奏时依专用的曲牌进行，有很强的节奏感。

擂鼓表演

大节鼓 浔中民间鼓乐队。据说，明末，由孙氏从南安五都传入。其鼓乐器有小铜钹（俗称钬仔）一副，扁鼓二面（鼓面直径 60 厘米），小铜锣（镭仔）一面，铜钟一面或二面，嗳仔一支或二支，双铃（响盏）一对，采用南音曲调演奏，世代传承，从未间断。演奏时，掀小铜钹者为领队，面向队伍后退而行；紧跟着是扁鼓，分正鼓、副鼓两个，用竹扁提挑着，一头挂扁鼓、一头挂红色毛毡，正鼓在前、副鼓在后，正鼓者在扁鼓上方加挂一个小铜锣，两者按节奏交替敲打；正鼓、副鼓后是铜钟、嗳仔、双铃，随后是南音乐队、南音搁队等。大节鼓乐队也可单独演奏。每逢庙会或其他民俗节日活动，大节鼓乐队均要出场演奏。

浔中镇有高甲戏剧团，其演唱的音乐以南音为主，为适应剧情、歌词的需要，创作人员自编了一些曲调，布袋戏、提线木偶戏等也有各自的乐曲。

此外，还有南音清唱、三通鼓、花鼓唱、车鼓、鼓队、闹台鼓，宫庙里有各自独立的曲套，有通场音乐、诵经时的佛曲等。

舞蹈 浔中镇区内民间舞蹈多样，其中较常见的有浔中村的“八仙舞”“扛球舞”，石鼓村的“道士舞”，蒲坂村的“鼓亭公婆舞”等，多为迎神赛会及节日时采用。解放后，从外地引进腰鼓舞、秧歌舞、钱鼓舞等，浔中中心小学、隆德学校以及部分完全小学等有腰鼓舞队，每逢喜庆节日，用于迎送宾客，给场面增添热闹、欢乐的气氛。其中，蒲坂村的“鼓亭公婆舞”，曾参加县老年大学组织的元宵文艺会演，接受县电视台记者专访，先后在德化、泉州电视台播出。

鼓亭公婆舞表演

歌谣

浔中镇域内民间歌谣种类多，内容丰富。这些民间歌谣大多是人们在生产、生活中因抒发一定的感情脱口而出的民歌，朴素自然，有一定韵律，唱起来顺口、流畅，久而久之，遂成为一种民间艺术。

播田歌

手提青秧插野田，低头便见水底田。
六支一撮插方块，人行倒退稻进前。

播田技术要讲究，行行尺二恰保守。
密植还要品种好，作田才会得丰收。

自由歌

亲姐妹呀好感情，那卜自己好家庭。
自由结婚有平等，父母着愿随阮心。

数字情歌

一姐不如二姐娇，三寸金莲四寸腰；
买得五六七钱粉，妆来八九十分标。

十九月色八分光，七宫牛女度六郎。
五更四处敲三点，二人同睡一张床。

季节歌

一年三百六十天，天干地支配周全。
半月设置一节令，整年共有十二双。
时刻推算精又准，个个衔接紧相连。
前人经验总结好，后人生产为指南。
春雨惊春清谷天，夏满芒夏暑相连。
秋处露秋寒霜降，冬雪雪冬小大寒。

上半年来六二一，下半年来八二三。
年年四季在运转，周而复始不间断。

端午节歌

五月五，是端阳；
门插艾，香满堂。
吃粽子，撒白糖；
喝谷酒，抹雄黄。
穿新衫，佩香囊；
摇龙船，喜洋洋。

参加红军好名声

日头出来红莹莹，红旗悦悦头前走。
纪律严明军风正，参加红军好名声。

日头出来红纪纪，人人要学革命理。
为了工农参军去，革命胜利飘红旗。

抗日劝娘歌（选）

一劝娘仔汝着听，好歹是我命生成；
今日共娘着拆离，想起不行也着行。

二劝娘仔免悲伤，政府早就安则生；
今日共妹分别离，奉侍双亲顾子儿。

三劝娘仔心别乱，抗日那有这一番；
此去打得日本离，回家种田可团圆。

四劝娘仔无欧糟，日本与咱作对头；
若敢尽力跟伊拼，看他鬼子有多肴。

五劝娘仔要精神，为君烦恼无路用；
我今出门随时看，抗日胜利就返身。

地名故事

观音岐 德化城东南有一座山，名叫观音岐。原称白泥岐，因为这座山蕴藏制瓷原料——高岭土，历代四周乡民都到这里采土制瓷。明代瓷雕大师何朝宗，利用白泥岐的优质瓷土，烧制出一种举世无双、美如凝脂冻玉、白似奶油或象牙的瓷观音，远销海外，轰动国际瓷坛，被誉为“国际瓷坛明珠”“东方艺术珍品”。后来窑工和瓷民为纪念他的功绩，在白泥岐建碧象岩，岩中供奉何朝宗雕塑的瓷观音像。因此，后人就把白泥岐叫作观音岐。

涂厝格 浔中有个地名叫涂厝格，原名“陶趣”。相传彭厝祖先彭长州，明洪武年间（1368—1398）拨军入泉州居住，后裔彭史亥由泉州迁居此地，当时德化陶瓷业兴盛，彭史亥也聚集乡亲建窑制陶，他常说“制陶是一项有乐趣的职业”。有人就将它称为“陶趣”。闽南话“陶趣”与“涂厝”谐音，后人把“陶趣”说成“涂厝”，地处山口，又加上“格”，“涂厝格”的地名因此形成。

乐陶与六车 浔中镇隆泰村（2000 年，隆泰村析为乐陶、凤洋、后所 3 个行政村），有两个自然村落，一个叫乐陶，一个叫六车。

相传很早以前，德化县城一带森林密布，鹿群经常在此出入。县城开发后，鹿无处栖身，跑到县城东去栖息，人们就称这里为“鹿逃”。村落分列在浐溪两岸，状似鹿的双耳，后来把横跨两侧的木桥称鹿耳桥。隔壁村落居民，见鹿善良可爱，就把它驯服了，利用它来拖车运载物件，该地又叫鹿车。

后来，这里人丁兴旺，陶瓷业繁荣，人民生活改善，出现了乐陶陶的盛景，人们就把“鹿逃”叫作“乐陶”；鹿车村利用水车加工瓷土，建起六部水车，“鹿车”也就变“六车”了。

乐陶、六车这一带村落，农业发展，瓷业兴旺，村隆民泰，后来人们又把它统称为“隆泰”。

美食

饮食习俗　20 世纪 80 年代中期以后，浔中居民饮食实行“一日三餐制”，主食以大米为主，其次是薯类等杂粮。随着经济的发展，喝茶逐渐在百姓中普及。进入 20 世纪 90 年代以后，鲜肉和加工品、乳脂类副食品等消费量逐年明显增长。21 世纪后，居民主食仍以大米为主，其次是面粉类等食品。肉类以猪肉、鱼肉为主，羊肉、牛肉、兔肉为辅。烹调讲究，红烧、炖、炒并用，品种丰富，口味清淡。过年过节传统食品从以往的鸡鸭鱼变得更多样化，香菇、红菇、鲍鱼、龙虾、海参等山珍海味进入寻常百姓家，饮食开始出现“少吃饭、多吃菜”和饭后吃水果的习惯。同时，居民逐渐改变居家饮食的传统习惯，经济富裕的经常进酒家“吃早茶”“赴晚宴”；工薪族和打工族则常常到快餐店、小食馆、中餐馆就餐；西餐式的德克士、肯德基以及国内各地的特色食品、风味小吃，如麻辣串、火锅、烧烤等陆续进入浔中，吸引着众多儿童和青年男女。

美食小吃

黑鸡宴　德化黑鸡冠、羽、皮、肉、骨头、内脏均为黑色，肉质细嫩、清香甘润，味道鲜美，含有极高滋补药用价值的黑色素，素有“滋补胜甲鱼，养伤赛白鸽，美容如珍珠”之称，黑鸡宴以德化黑鸡及其副品为主原料，配备时令蔬菜等辅助材料，进行加工烹制成封黑鸡、白斩黑鸡、干炒黑鸡、黑鸡炖牛奶籽等。具有开胃减脂、健脾补肾、助消化之功效。

黑羊宴 德化黑羊肉质鲜美、皮薄细嫩、膻味轻微，肥瘦分布均匀、汁多味美、蛋白质含量高、胆固醇低、口感好。根据黑羊躯干各种肌肉组织的分布不同，用不同的烹调方法，做出色、形、味、香各异的各种菜肴。

黑兔宴 用德化黑兔做出来的黑兔美食，肉质细嫩、鲜美，能满足食客新鲜、美味、健康的需求，风味独特。

黑兔宴

淮山宴 淮山，又名山药，它含有蛋白质、糖类、维生素、脂肪、胆碱、淀粉酶等成分，还含有碘、钙、铁、磷等人体不可缺少的无机盐和微量元素，集菜、药、粮三用，吃起来滑顺、爽口，对脾、胃、肠等有保健作用。

红酒鸡 将农家鸡宰杀洗净，红酒作汤，加入适量茶油和数片生姜，旺火炖沸后改用温火慢炖。女人生孩子坐月子必吃的滋补食品，春耕、秋收季节劳力滋补身体的食品。

米粉 米粉的制作程序：白米洗净，磨成浆，挤干，压搓成条状，放入蒸具蒸熟，倒出来舂细，用米粉机胶成细线状，披晒。将余一下的米粉和大葱、白菜、红萝卜、蒜米、豆芽、虾米、香菇、猪油、芝麻油等一起下锅爆炒。大小场合请客的主要食品。

黄花菜炖鸡

黄花菜炖鸡 黄花菜又称金针菜，德化县“十八格”黄花菜，品质优良，富含蛋白质、碳水化合物、氨基酸等多种营养物质，把黄花菜与温中益气、补髓添精的鸡肉相配，可为人体提供丰富的蛋白质、脂肪等多种营养成分，具有健胃、补肾、益气、利尿的功效。

坛香羊肉 德化戴云黑山羊体形小，肉质鲜美，皮薄细嫩，膻味轻，以茶油、红酒、老姜为辅调料，用土瓦罐作器皿，细沙隔文火煨制，堪称地道，入选泉州“十佳”农家菜。

炣黑羊

笋叶煲 笋叶（也叫笋衣）毛笋剥壳洗净，放入锅中煮熟。用泡好的笋叶与猪的三层肉一起烧制，肉藉笋之鲜，笋以肉而香。

苦菜饭 “冷天无衣裳，热天一身光。吃的苦菜饭，喝的苦菜汤……”苦菜是常见的一种野菜，农村的田间、地头、山坡到处可见。苦菜性寒，有清热、凉血、解毒三大功效，吃苦菜饭，追求绿色原生态的生活，扑鼻的饭香夹杂着苦菜的味道，食欲倍增。

苦菜饭

红菇拌面线 面线象征健康长寿。红菇面线是用德化特产红菇，佐之黄花菜、土鸡蛋等与过水捞熟的面线拌制而成，滑嫩爽口，补血养气，营养丰富，是一道风味独特的乡土菜肴。曾获“泉州农家名菜”称号。

名人与名镇

浔中是德化县人文荟萃之地。唐宋至明清时期有多名进士、举人，其中榜眼邓启元被赐予“三楚文衡”匾额，知府李道泰曾为维护国家统一立功，举人王光张淡泊名利、关心教育、闭门著书等。在陶瓷界，更是人才济济，闻名海内外，他们秉承“瓷圣”何朝宗的传统技法，并不断创新，为世人创作出一件件精美绝伦的艺术品，给后人留下一件件无价之宝，永载史册，万世流芳！

人物传略

单辅（1538—1594） 字序弼，号岩泉，浔中镇高阳村人。从小爱读书，很有文才。十岁那年，他随大人到南安县诗山凤山寺游玩。寺内正在石柱上雕楹联。他读了后自言自语说：“这联不通。”在场的人说，你这小孩“四两人说斤六话”。寺内住持却说：“请你作一对来看看。”单辅想了片刻，便提起笔写道：“凤举山头观广泽，寺瞻高盖仰欧阳”。短短的14个字，就把寺名凤山、佛名广泽、山名诗山和名人欧阳詹都贯串其中，平仄对仗工整，被住持称赞为神童。

明隆庆元年（1567），单辅考中恩贡。万历八年（1580），任广东廉州合浦县知县。任职六年，黎民富庶，仓有余粮。合浦盛产珍珠，屡屡进贡朝廷，以资国库。单辅处事谨慎，清正廉洁，执法尤其公正严明。在任期间，朝廷曾下诏查处盗珠案。盗珠的案犯以满斗的珍珠行贿，单辅不但不收，反而从中查清案情，严加追究，案犯无一漏网。任内，他还奉令丈量土地，农村富豪大户为逃避税赋，持重金行贿，企图少丈量土地。单辅分文不取，如实丈量造册登记，人皆敬服。六年期满，单辅被提升为广西平乐府通判，后辞官归隐家乡。

合浦是个富庶之地，单辅在此为官清白自守，两袖清风，但还是遭人诬告。朝廷派都察院官员到他家察访，看到他的妻子下厨做饭，儿子奉茶，没钱准备山珍海味招待客人，最好的菜就是煎鸡蛋，家中设置除了书房比较整洁外，其他与普通农民一样。来官大为叹服，回去后如实向皇帝奏报，皇帝大为感动，赐单辅“廉身守珠，嘉许金城”匾额，以表其清廉正气。县举单辅为乡贤，孔庙为其立碑纪念。

李道泰（1617—？） 字子交，号藿思，德化县沙堤（今浔中镇浔中村苏坂里）人。清顺治八年（1651）乡试中式，十八年中进士。任江西南康府建昌县（今江西省永修县）知县。

康熙十二年（1673）冬，平西王吴三桂、靖南王耿精忠、平南王尚可喜相继叛乱（三藩之乱）。当时，建昌县有一伙匪徒胁迫民众响应叛乱，包围建昌城，猛烈进攻，李道泰临危不惧，率全城军民击退匪徒，保全城池。建昌地处水陆交通要道，当时平叛军队的车船辎重川流不息，他积极组织粮草民工支前，为平定叛乱、维护统一，立下功劳，战后以功晋升南康府同知，不久擢云南省开化府知府。

李道泰赴开化后，公正处理民族关系，维护民族团结，使境内各兄弟民族能较和睦相处，共同开发祖国边疆地区。同时，废除官场“供应”陋规。经常轻车简从，深入民间察访百姓疾苦，减免赋税劳役，使百姓得以休养生息，灾荒歉收年头，开仓赈灾，带头捐俸，发动修桥铺路，以利交通。在各乡里创办“义学”，优聘外地教师到此讲学。

他还精通诗文，《福建通志》和旧邑志收录存目的著作有《缨溪文集》《滇行草》《九仙杂咏》《中秋登石牛》等诗文集。

王必捷（1665—？） 字乔筒，德化县城西门（浔中镇凤池）人。他与进士出身的胞弟必昌志趣殊异，24 岁就投笔经商。清康熙四十九年（1710），已 45 岁的王必捷毅然渡海到台湾经商。因理财有方，被当地汉人施文标延请协掌淡水地区田庄，该田庄近高山族系平埔族山寨傀儡山。王必捷又结识熟谙高山族语言、民俗的钟旺。

康熙五十一年十月初，钟旺引王必捷认识高山族勃朗社酋长匏狼烟。双方以平埔人习俗“割发折箭设誓”。王必捷以青布、红哔叽及丹铅珠赠送酋长；酋长以鹿、獐和刺竹回赠。勃朗社热情好客，以该族最高礼节——百余人夹道逐个与王必捷“亲鼻”以示敬意，如汉族礼节“作揖”。

勃朗社酋长钦慕王必捷才华，托钟旺作媒，撮合其妹巴加林·嘈娜觅与王必捷订亲，并在山寨成婚。越年春，王必捷方携妻下山。婚后三年，嘈娜觅晓闽南语，与漳泉人无异。并生一男一女，子名嘉宗，女名银娘。

康熙六十年，王必捷举家返归阔别多年的故乡德化。次年，嘈娜觅病故。乾隆三年（1738），王必捷重往台湾，子嘉宗随行。年余，病卒于台南。子护送灵柩归葬故土。

谢凤姝（1683—1742） 女，乳名趁，隆泰村六车人，举人谢青钟之女。及长，嫁与丁墩村举人陈应奎之子陈天宠为妻。德化历史上三位女诗人之一。

凤姝自幼聪颖笃学，爱好琴棋书画，诗画造诣尤深，其画独具匠心。据传谢凤姝夫家建“霞普堂”的鹿、马、花、鸟石雕图案，皆出其手。其作品大都散失，唯存《八骏》一幅，画面骄纵奔放，栩栩如生。1952年，被收藏于德化县文化馆。

谢凤姝的诗词作品，善融情于景，意境深邃。今仅存《芙蓉水蘸笔写美人》与《无题》二首，前者为题画诗，意境不凡，诗曰：

芙蓉出浦秀临风，一点胭脂更不同。
水照奇花花照面，春山淡远最难工。

王必昌（1704—1788） 字乔岳，号后山，德化县城西门（浔中镇凤池）人。清乾隆十年（1745）进士，选任吏部观政，旋归经福州，受福州知府徐恒的聘请，审阅十二县童生试卷。次年，应德化知县鲁鼎梅聘，纂修《德化县志》；乾隆十七年又应台湾知县鲁鼎梅之聘，赴台编修《台湾县志》。

乾隆十八年，任湖北郧西县知县，兼理竹溪县事，任职三年，处事精敏勤谨，及时批阅公文，无积案。大兴农桑，兴办学校，移风易俗，人民安居乐业。他在竹溪时曾下乡劝农，见柳树掩映溪间，枯枝败叶，丛积腐烂，污染水源，便联想到此地民多聋哑，生瘿瘤，认为与饮用污染的溪水有关。于是令百姓凿井汲泉，此病遂大减少。王必昌因病辞官离任时，竹溪百姓依依惜别，"遮留满道"。王必昌作文风格峭刻沉雄，且善于吟咏，著有《甲园内外篇》文集若干卷。

曾重登（1708—1782） 曾贞钜，字其岸，号科亭，榜名重登，石鼓村人。清乾隆七年（1742）壬戌科明通榜进士。历任武平县、闽县（今仙游县）教谕。乾隆二十八年任云南省平彝县知县，乾隆四十八年任广东茂名县知县。离任后，茂名县士民建曾公生祠纪念。

曾西元（1713—？） 讳闻鹦，字汝鸣，号尚轩，榜名西元，石山村人。清乾隆七年（1742）壬戌科明通榜进士，乾隆二十二年又登丁丑科进士。历任福建省建宁县教谕，德化县图南书院主讲，陕西紫阳县知县。手辑《藏书楼诗稿》、《四书文稿》、《古学汇编》及《滩山课士录》若干卷。与王必昌，相处甚密，结为忘年交。生平淡泊功名，好游名山古刹，在民间留下不少逸闻轶事。其文章不事雕琢，别具情趣，尤其是赋、联，更令人感其颇有才气。在西天寺曾题一联曰：彼西耶此西耶灵爽如来法界何分彼此／是天哉非天哉浮云不染寸心自悟是非。此联把西天寺名嵌入联中，句式工整，结构奇巧，借佛教禅语，表达了自己淡泊功名利禄，超凡脱俗的心境，可谓意中有意。

孙起梠（1737—？） 字宜仲，邑庠生，乐陶村人。其父瞻溢以做豆腐为生，家贫。

7岁时，即用其父名捐资修路，受里人赞扬。成年后，精研律令，据理论事，乐善好施。有“德化十八棍”之称。清乾隆年间（1736—1795），往兴化府办事，途经仙游县“风流岭”，有人在砍伐路边大树。上前劝导，讲明大清律令，触怒工头，威胁说“少管闲事，否则要你性命”。查明伐树主谋乃当地恶棍，直奔仙游县衙起诉，因恶棍与县令早有勾结，不予受理。又到兴化府告状，直使恶棍受到应有惩处，县令也因此被罢官并被罚种树。用兴化府衙发给的奖金，发动“风流岭”附近民众修筑石砌大路，改善过往行人路况条件，受到人们赞誉，为其立碑纪念。尔后，又先后在仙游、福州、永福（永泰）、尤溪、三元、延平，以及德化等县、府，暗察民间违律、违约者，并将其告于官，然后将所得奖金用于修桥、筑路、建渡口、购船只等公益事业，或者扶助、救济贫困民众。因他办事公道，方法奇特，在民间广为传誉。

郭鸣高（1774—1843）　乳名瑞，字行祥，号怀莪，别号蔼士，世科村人。幼年聪明好学，博览经史。清嘉庆十五年（1810）中举；嘉庆二十四年中二甲进士。历任则例纂修、文选司员外郎、监察御史等职。在各任内，奏请增加台湾各县学额，缩减广东省学额，严禁教官勒索士子试卷费等。后调任贵州思南府知府，任职三年多，积劳成疾，辞官回里。

13岁时丧父，由祖父抚育成人，因家境贫寒，上京会试时路费全由族亲捐助。他以亲身的艰苦经历，念及德化县学子多半出身于贫寒家庭，献出自己平日所积薪俸4000两白银购置义田，将每年收入的租谷，资助全县学子赴省、京参加文武乡试、会试。为了防止族亲侵吞义产，他规定：该族人不论亲疏均不掌管义田、义产，仅予监理之权；其次，不分姓氏，全县学子均有享受这种资助的权利。后人感其恩德，于县府右畔建立“崇义祠”，以作纪念。著有《经史印示儿浅说》及《虫鸟吟诗稿》传世。

孙绥敏（1785—？）　字贵之，号明德，邑庠生，乐陶村人，民间郎中。孙绥敏业绍孔孟，身列儒林，排难解纷，为乡闾之重望。自小喜爱医学，精研岐黄，精治伤寒、蛊病，又善治奇疑杂症及误吞铜钱等物。他恪遵医德，治病救人，普济众生，不收谢金，穷者还赠予药费。时值县知事周其修病危，经其诊治，药到病愈，赠匾“厚德及人”；泉州府教授郑兼才之侄患蛊病三年，后经其诊治，药到病除，赠墨宝致谢。一生救治无数人，时人称为“万家生佛”。其子时出遵行父训，救治多人，时人颂之。

陈祖德（1841—1914） 乳名圭茧，字作忠，号兰春。乐陶村人。母张氏，名芹，出身习武之家，粗通武术。祖德少时，其母授以武艺，兼习正骨医术。祖德13岁时当瓷厂窑工，以烧窑为主；曾于窑址周围设跑马道，供练武跑马学射，后得以弓马成名，援例捐加千总，钦加五品衔，驻永春城。清同治十三年（1874）辞职回乡，在乐陶设武术馆，教人习武，后行医济世，精骨科医术，人有染患，不论早晚，有请即行，不受礼物财货。远至永安、三元、泉州、厦门，近至永春、大田、仙游等，他所医治过的患者，无不感激涕零，众口咸钦，清一知事特赠匾“救世真心”。其子孙信及、阳春、天来、庆辉、庆鸿等均继承正骨医术，遵祖训，四方急请，被誉为“正骨世家”。

王光张（1866—1936） 字金义，号石峰，德化县城关（浔中村）人。清光绪二十九年（1903）乡试中式。

光绪三十三年，应吏部铨选考试，名列乙等，签分江西省布政使，敕授文林郎钦加五品衔。宣统元年（1909）赴任，在职两载，清正廉明。辛亥革命成功后，弃官归隐。民国初期，为避战乱，自西门城边迁徙诗墩，翻建“英魁堂”，创建“五柳居”，闭门著书。后因社会人士再三敦请，先后任县立高等小学校长、县视学、教育会长、劝学所长等职，推行新文化教育，培养新人才，不遗余力。时德化盗贼匪患四起，民不聊生，各乡村纷纷组织团练，他受众推举为县保卫团总，竭力安定地方，发展生产，奔走告诫各地民团和平共处，让民休养生息。1923年农历七月初一，参加永春组织的和平会，专程赴赤水调停尤赐福、陈春光部与李金标部的冲突，还经常用诗文启迪各地民军首领要“心田种德，勿残生灵”。同年出任德化县县长。1925年，地方复乱，他已年届六旬，遂再次归隐，在家读书赋诗。嗣后受聘主纂《德化县志》，完稿后，复受聘总纂《大田县志》。

归隐林泉30年，抄书数百卷，1928年，倡建登龙桥；1935年，出面向华侨及四方人士募集1.7万余元，重建县城西门龙津钢筋混凝土大桥。他身体力行，致力慈善事业，主办养济院5年，凡是无主的路旁尸体，或遇天灾人祸、家境极端贫困的人亡故无力埋葬者，均施棺资助收埋。其时，他曾嘱托卖棺木店家，凡是养济院到店取棺，一律先记账，后由他付款，5年中施棺百具。擅长诗词，曾在大田县主办“扫秋”诗社，留下颇多诗章。

蔡尚思（1905—2008） 中共党员，浔中村诗墩人。1925年起，在北京大学国学研究所自由听课，后考入孔教大学国学研究科。1929年在上海大夏大学任教。翌年经蔡元培介绍到复旦大学任教。1934 年得柳诒征馆长特许在南京国家图书馆通读历代文集。1935 年在沪江大学任教，同时在光华大学、复旦大学兼课；后任沪江大学校务委员会副主任。曾任沪江大学、光华大学、武昌华中大学、东吴大学等七所大学教授。

1952 年，蔡尚思任复旦大学教授兼历史系主任。1956 年被评为二级教授，翌年任复旦大学校务委员会委员。1976 年任复旦大学研究生部副主任。1978 年任该校文科学术委员会副主任及历史系中国思想文化史研究室主任。1982 年任该校学位评定委员会副主席。1986 年，蔡尚思任复旦大学副校长、中共复旦大学委员会委员。曾任复旦大学顾问及国务院古籍整理出版规划小组、中国哲学史学会、中国现代史学会等顾问，中国史学会、孙中山研究会等理事；上海市史学会、孔子基金会副会长；国际儒学联合会顾问。

蔡尚思学术研究领域涉及中国通史、中国古典文学、中国文化史、学术史、中国思想史、哲学史。其一生只讲唯民，不唯旧传统。多次代表复旦大学出席全国性有关中国传统文化国际学术讨论会，并在大会上发表演讲。发表论文 300 多篇，出版学术专著《中国思想研究法》《中国古代学术思想史论》《蔡尚思自传》《蔡尚思选集》等 20 余部，

1987 年 12 月，蔡尚思教授（左三）与县、乡领导等合影

其中《王船山思想体系》获1979—1985年上海市哲学社会科学优秀成果著作奖，在学术界深具影响。2003年获“上海市退休职工学习标兵”荣誉称号。2005年，在百岁寿辰之际，8卷410万字的《蔡尚思全集》由上海古籍出版社推出。全集按其著作出版的时间顺序编排，包括《孔子哲学之真面目》《老墨哲学之人生观》等。2006年，因其在中国思想史研究领域里的独特见解和丰富著述获得上海市学术贡献奖。

徐本章（1934—1995） 曾名剑锋，笔名史钟。乐陶村人。古陶瓷研究专家，文博副研究员，厦门大学、景德镇陶瓷学院考古专业客座教授，福建省劳动模范、文化系统先进工作者，全国“五一”劳动奖章、福建省“五一”劳动奖章与全国优秀侨眷知识分子称号荣膺者，德化县优秀拔尖人才。历任德化县第一至五届政协常委，福建省第六、七届政协委员，德化县文物管委会办公室主任，县图书馆馆长，陶瓷博物馆馆长，中国古陶瓷研究会理事，中国古外销瓷研究会理事、副秘书长，泉州历史学会、泉州华侨史学会、福建考古博物馆学会理事，福建文物鉴定组成员，泉州海交史研究会副会长等。

徐本章于50年代末至80年代参加德化县古遗址、古窑址等文物普查和标本整理、考察报告撰写工作，参与普查、发掘230多处宋至民国古陶瓷窑址。执笔撰写了数百万字研究成果，分别由《文物》、《人民日报》（海外版）、《文汇报》、《世界日报》（菲律宾）等数十家国内外报刊和紫禁城出版社、人民出版社、厦门大学出版社、福建人民出版社、香港华星出版社等十多家出版单位发表和转载，其中十多篇德化陶瓷论文在全国性学术研讨会上交流。1986年，出席在香港召开的南中国（闽粤）及其邻邦之古陶瓷工业国际学术研讨会，其论文《试谈德化窑青花瓷的装饰艺术及其影响》入选在香港出版的《亚洲古代窑炉烧成技术》一书。其执笔的《福建陶瓷艺术》一文，编入《中国陶瓷全集丛书·福建陶瓷》，并在上海和日本以中文、日文出版。论文《试谈澎湖航线与中非陶瓷贸易》在《世界日报》连载。与他人合作的《福建广东印制的青花瓷》在日本《贸易陶瓷研究》杂志发表。主编的《德化陶瓷研究文集》和与他人合著的《德化瓷史与德化窑》，填补了对德化瓷窑全面系统研究的许多空白。英国东方陶瓷学会特函邀请赴英国讲学，并应邀到香港大学讲学。其生平事迹被编入《中国专家人名辞典》《中国当代历史学者辞典》《全国归侨侨眷知识分子名人录》《泉州市劳动模范传》。

附：人物表

表 14　　浔中镇明清进士一览表

姓名	考中年号科名	官职
郭维翰	明万历三十二年（1604）甲辰科	江苏扬州同知、四品奉政大夫
邓万甫	清顺治十二年（1655）乙未科	福建安化知县
李道泰	清顺治十八年（1661）辛丑科	江西建昌知县、云南开化知府
邓启元	清雍正五年（1727）丁未科殿试一甲第二名（榜眼）	翰林院编修、武英殿纂修、湖北乡试主考
温廷选	清乾隆元年（1736）丙辰科明通榜	福建古田县教谕
曾重登	清乾隆七年（1742）壬戌科明通榜	福建武平、闽县教谕，云南平彝知县
曾西元	清乾隆七年（1742）壬戌科明通榜，二十二年丁丑科	福建建宁教谕、陕西紫阳知县
王必昌	清乾隆十年（1745）乙丑科	湖北郧县知县
陈奉兹	清乾隆二十五年（1760）庚辰科	四川阆中知县、江苏布政使
邓梦鲤	清嘉庆二十四年（1819）己卯科	湖南临武知县、江苏江宁府同知
郭鸣高	清嘉庆二十四年（1819）己卯科	文选司员外郎、监察御史等
曾兰春	清光绪二十九年（1903）癸卯科	江西分宜知县

陶瓷大师

何朝春（生卒年不详） 浔中镇后所村人，何朝宗胞弟，明代雕塑家。他的作品风格与何朝宗同出一脉，善塑佛像及其他艺术瓷器皿。所塑佛像线条优美，形象逼真。鸟形壶类构思别致。已发现的藏品小而精致，用象牙白制作，色泽滋润。英国 P.J. 唐纳利评价是“颇有法国巴黎石膏模像的特色”。欧洲收藏家收藏有他的瓷塑作品 14 尊，其中 P.J. 唐纳利收藏 8 尊。广东省博物馆收藏有《执如意观音》坐像 1 尊。德化古陶瓷爱好者收藏的何朝春一尊《送子观音》塑像，为象牙白胎体，坐石盘膝，整体构图、面部造型、雕镂修饰、衣纹线条等均与何朝宗技法相近。

孙为创（1858—1927） 字存基，号锦春、岐山、鸿文画士。乐陶村人。孙为创生于陶瓷世家，自幼喜爱绘画，擅长瓷彩、壁画、国画。民国初年，福建省调查委员会委员郑焜倡导改造德化瓷成型和彩画工艺，在兴南街集资创办瓷器收购加工公司。孙为创应聘为画师，开设彩画装饰工场。他改釉下青花为五彩、描金或涂电光水的釉上彩，画面为之一新。他的作品曾在新加坡陶瓷装饰画展上获优等奖，新加坡报刊作专题采访报道，为德化瓷在国际瓷坛上争得盛誉。

苏学金（1869—1919） 名光铨，字学金，号蕴玉。自幼随父学习泥塑、木雕佛像，尤专注瓷雕，及长造诣渐深。

苏学金博取德化历代各种雕塑艺术风格与工艺技术之长，特别对何朝宗的作品精心研究，深知大师的高超艺术技巧和优秀传统内涵，瓷雕技术全面，技艺精湛，所作仿何作品几至乱真。苏学金毕生以瓷雕为业，在程田寺建“蕴玉”店房作坊，从事瓷雕制作。作品大多为传统题材，诸如立莲、立龙、立鱼、坐岩、送子、善财、披坐等各式观音，以及如来、罗汉、弥勒、达摩、八仙、和合二仙、寿星、文昌帝君、玄天上帝、嫦娥等神仙、佛像，还有历史人物关云长及西施、昭君、貂蝉、杨贵妃、麻姑等，其作品皆注重脸型和神态的刻画，衣纹线条飘逸流畅、疏密深浅适宜。仿明代产品梅花杯、牡丹杯、八仙杯、梅花高足杯、爵形杯、香炉、花瓶等浮雕艺术实用品，造型精巧，雕刻细微，尤以首创捏塑作品——瓷梅花，虬根交盘、老干横枝、新枝挺秀、繁花满树、含苞待放，独具特色，其产品有 8 英寸、16 英寸两种规格，得意作品后面盖有“蕴玉”“苏蕴玉”“博及渔人”等印章，少数作品在底座手刻“苏学金手作”字样，仿明代作品则盖有“德化”葫芦形篆书、正楷等印章。产品除该店铺零售外，大部分接受国内外古玩商户订货，并经台湾、香港转口销售。

1915 年，苏学金所作《梅花》入选参加巴拿马万国博览会展出，获得金奖，为德化瓷塑参与大型国际展览评比首次金奖获得者，德化县知事吴承铣赠以“极深研究”匾额。

孙为塔（1885—1946） 乐陶村人。年轻时从兄学习陶瓷技艺，工艺精深，后建龙窑、阶级窑生产瓷器，为乐陶竹林头窑、荣林窑窑主。为寻找产品销路，在家开白瓷彩画作坊，在县城兴南街开设瓷器经销店，把德化瓷器运往泉州、厦门、潮州、汕头等地，销往海内外，经营有方，家资丰盈。

1932 年，携子迁居泉州中山南路，开“陶成玉”陶瓷行，并设瓷彩加工部，由长子经营。其妻郑琴是个能写会算的女能人，在家经营窑场，并组织彩画加工。孙为塔奔赴各地处理经贸事务。1939 年秋，孙为塔捐资数千银圆，支援抗日救国。1941 年，把泉州瓷行的瓷器义卖，其款全用于支持抗日。孙为塔携子重回乐陶经营窑场、开瓷彩作坊，重开“陶成玉”彩瓷店经营瓷器，并世代传承。

许友义（1887—1939） 他生长在“山湖派”雕塑世家，性恬静，勤奋好学。15 岁即师从苏学金学习瓷雕技艺，并受到器重。许友义精心研究，别出心裁，融泥塑、木雕、瓷雕技法于一体，创造出活动瓷练、捏塑珠串等新技法，采用石膏模型注浆新工艺，其作品造型匀称、装饰华丽、雕工精细、形象逼真、风格独特，成为德化瓷雕艺术新流派。

起初，他在湖前与胞兄共设瓷坊，从事家庭瓷雕生产。后于程田寺建“裕源”店铺，店前营业，店后设作坊，自产自销，产品由福州、宁波、厦门、广州出口，后由台湾和香港的“玉成轩”“源源”等商铺转口销往日本、东南亚各国。主要作品有持瓶、提莲、坐石、立莲、送子、善财、提篮、十八手等各式观音，以及如来、达摩、弥勒、罗汉、韦陀、八仙、寿星、帝君、王母等神仙、佛像，花木兰、昭君、杨贵妃等古代人物，以及狮、象、白鹤、公鸡等动物，浮雕和通花花瓶、博山砚台、笔架和笔筒、盆景、杯、盘和梅花碗托等日用品。尤以三大士、十八手观音、关云长、文昌帝君、玄天上帝、花木兰最具特色。其中 16 英寸瓷雕龙舟，以龙首尾为舟首尾，中为楼阁，窗户能活动关闭，内有仕女等人物，上有旌旗，四周有活动细链，造型工巧，雕工精细，被称为世间罕见之杰作。

1930 年，许友义为仙游县龙纪寺创作烧制神态各异的五百罗汉瓷雕，被确认为福建省省级文物，保存于龙纪寺。

许友义在其得意作品后面刻葫芦形“德化”与四方形“许云麟制”“许裕源制”等印记。作品中的达摩、观音、木兰等先后在英国、日本举办的国际博览会上 4 次荣获金奖。

陈智坧（1894—1962） 出生于陶瓷世家，擅长陶瓷装窑烧成工艺。民国时期，继承祖业，先于乐陶经营“春光”窑坊，后在东头窑场创办“春玉”瓷厂，生产大件日用瓷器皿，尤以制作特大盖碗、莲花碗、柳边堆梅花碗、薄胎茶杯等闻名，还有瓷蒸笼、瓷面盆等。后来在城关兴南街开设“春光”彩瓷展销店。1943 年，任德化示范瓷业公司管理员。1945 年，与他人集资在王厝山创办新艺瓷厂。

许光月（1906—1984） 别号渔翁，出生于陶瓷世家，擅长瓷彩、造型设计和材料配方等。14 岁开始在瓷庄学习瓷彩，后到永春县介福窑场、仙游县城关“仁和”瓷彩店、泉州“顺记”瓷彩店从事瓷彩艺术创作。他的釉中彩为当时德化陶瓷装饰艺术的一大特色。1942 年，在东头窑场办瓷场，从事造型设计，生产各种大小花瓶、茶壶等，独创点釉小花瓶，后回湖前办瓷厂。1953 年，进利民瓷厂（国营德化瓷厂前身）彩画车间从事彩绘。1966 年退休后，应聘为浔中公社瓷厂造型设计、彩画师傅。

许光月善画花鸟、山水、墨梅、墨兰、墨竹，尤爱水墨画和水墨淡彩。他和苏金尧合作设计的杏花酒具，1979 年获晋江地区陶瓷行业创新产品展览一等奖。

孙存捷（1907—1958） 民国时期陶瓷制作工艺家。20 世纪 40 年代，经营“古成玉”瓷店。他少年时开始学手拉坯工艺，熟练掌握日用瓷器皿制作技艺，对大锅、大盆、大花瓶、薄胎品茶杯等高难度产品尤为拿手。手工拉制薄胎品茶杯，小巧玲珑，薄如蛋壳，其器型、规格、薄度如出一辙，每个重量皆约 3 钱，瓷质坚实细腻，皎洁晶莹，透明度高，令人爱不释手，其手艺传承后人。

苏勤明（1910—1969） 苏学金养子。10 岁时，养父病重，临终时把苏勤明托付给高徒许友义抚养。许友义精心传授瓷雕技艺。他成年后，回家继承父业。1936 年 10 月，创作的瓷雕作品《关云长》，在福州参加福建省陶瓷珍品展览获优等奖。

1953 年，苏勤明应聘为利民瓷厂瓷雕艺人，担任雕塑组组长，从事产品试制和带徒授艺。1955 年 2 月，其作品被选送参加德国莱比锡国际技术展览会。1959 年，参加国庆 10 周年仿青铜浮雕、36 英寸《麻姑献寿》礼品瓷的创作生产。1964 年，参加国庆 15 周年浮雕成套餐具礼品瓷的创作生产。他创作的 48 英寸《大观音》、64 英寸《关汉卿》大型瓷雕等作品被选送英国、德国、日本、法国、苏联、伊拉克、加拿大、黎巴嫩等国家展出。

苏勤明的主要作品有传统题材的观音、如来、弥勒佛、八仙、天女散花、牛郎织女、麻姑献寿、哪吒闹海等，历史人物有苏武、关云长、郑成功、花木兰、祖冲之等，当代题材有白毛女、和平万岁、披纱少女等，还有捏塑菊花、玫瑰、山茶花、梅花盆景等 200 多种瓷雕作品。

许文君（1914—1964） 许文君少年时师从瓷艺大师许友义，学习日用瓷成型及模具制作工艺。20 世纪 30 年代至 40 年代，在福建省瓷业改良场从事日用瓷制作等。

1951 年，许文君进利民瓷厂任模型组组长，从事日用瓷造型设计与模具制作。他带领模型组一班人，根据各个时期国内外市场需求设计出各种碗、盘、杯、碟、壶、匙、缸等日用瓷，以及花瓶、花插、笔筒等陈设瓷产品造型和模具。1959 年春，他与其他几位工艺师一起，被抽调参加国庆 10 周年礼品瓷的设计与制作，许文君负责浮雕设计等工艺，产品经国家有关部门验收，送往人民大会堂。

李懿凤（1914—1991） 又名仁促。15 岁时随父到后所窑场学艺制瓷，从选矿、配方、瓷泥加工、成型、制模直至装窑烧成，都有所涉猎，技艺全面。1951 年，任德化第二瓷厂技术员。1958 年，他与徐金川等根据各矿点优质瓷土的特性，采用新配方，研制出高白瓷。德化第二瓷厂以此生产的各种瓷塑、花瓶、花插等工艺瓷，以及茶具、酒具、灯具、咖啡具等日用产品，备受国内外客商青睐。1959 年，高白建兰浮雕餐具、高白“武夷”牌清芳茶具和咖啡具入选为人民大会堂用瓷。用高白瓷生产的酒具、花插、瓷塑等产品，多次在全国陶瓷产品展评会上获奖。

黄奢（1916—1990） 少年时，学习何派艺术传人许友义技法，成年后从事瓷雕创作，以雕工细腻、镂接修削精致著称，尤擅摹临仿制何派艺术作品。20 世纪 60 年代，先后临摹《渡海观音》《坐岩观音》等，其作品被福建省工艺美术学院教授王则坚称为“体现何氏技法与特点，保留原作气质精神之佳作”。

张英滔（1922—1984） 又名缨韬，出生于陶瓷世家，德化瓷彩彩画师。少年时在瓷彩店学艺，1948 年，德化瓷彩工人为维护自己应有的权益，组织成立彩画月会，他被推举为召集人。1948 年，与人合伙经营华益瓷庄，改圆形锦炉为椭圆形锦炉，产量提高一倍。

1952 年，应聘入利民瓷厂，后任彩画车间主任。他的瓷彩技能高超，善画山水、花鸟、人物等图案，尤擅八分书法，笔力遒劲、隽秀、洒脱，自成一格，在德化瓷坛蜚声一时，并设计部分画面图样留给后人。1972 年，在德化瓷厂设计改造单孔道为双孔道燃无烟煤节能隧道烤花窑，降低煤耗 33%，提高产量 53%。1983 年退休后，身患重病仍坚持设计、施工，建造无烟煤作燃料的辊底隧道烤花窑获得成功，其事迹刊载于《福建支部生活》和《福建日报》，被推选为出席福建省先进生产（工作）者代表大会的代表。

郭光印（1924—1998） 他出生于瓷工家庭，少年时在东头窑场向胞兄郭先尧学习手拉坯成型等制瓷技术。1948年，在诗敦王厝山自办瓷厂，生产日用瓷，成为一位制坯成型、造型设计、模具制作、配方、瓷釉研制和装窑烧成等技艺全面的能手。1951年，应聘为德化第二瓷厂技师，传授陶瓷生产技术，并负责造型设计与模具制作等任务。他设计了各种餐具、酒具、茶具、咖啡具，以及各种花瓶、花盆、花插、灯具、笔筒等数百种产品。20世纪70年代初，他设计的高白度7英寸笔筒在全国陶瓷展评会上获一等奖。郭光印是福建省第一届艺人代表大会代表，曾被评为福建省先进生产（工作）者。

许文安（1925—1995） 字光华，浔中镇湖前人。少年时师从许世南学习瓷雕技艺，后随胞兄许文君到省瓷业改良场打工。1953年，进利民瓷厂从事模具制作。1958年8月，进中央美术学院进修。1959年，任雕塑组组长，与他人一起参加国庆10周年礼品瓷的设计与制作。

许金盾（1937—1999） 工艺美术师，泉州市乡镇企业工艺美术人员中级职称评审委员会委员。许金盾读完小学后即从父许光宝学艺。1956年，进德化瓷厂雕塑组，师从苏勤明。1958年，被选送福建省工艺美术进修班学习。1962年，先后到三明、永春、永泰和石狮等地瓷厂任技术员。1968年，应浔中公社瓷厂之聘，负责毛泽东主席像的雕塑制作。1970年，又应晋江县磁灶瓷厂之聘，协助生产日用瓷和建材瓷。1979年，漳州南山寺修建，为其设计装饰山门的大型“双凤”瓷雕与图案浮雕瓷砖，备受赞誉。1980年，回德化参与创办龙浔镇陶瓷工艺厂，负责工艺瓷创作设计、技术辅导与授徒。其间，创作的《关公骑马》瓷雕作品获1984年全国陶瓷质量评比创新产品三等奖。1985年，海玉螺茶具被农业部评为优质产品。刺螺茶具获1986年福建省乡镇企业北京展销会优秀产品奖。加彩《财神爷》《寿星》获1987年福建省彩色瓷雕类优质产品二、三等奖。1995年，他与其弟许兴评合作的白瓷素胎瓷雕《木兰从军》及“关公”系列作品获中国民营企业科技成果和新产品（成都）博览会金奖。

许兴泰（1941—2006） 字昭山。8岁时，开始边读书边随父许文君学习瓷雕技艺。1956年进入德化瓷厂雕塑组当学徒，1960年被选送福建省工艺美术学校进修，1964年调福建省陶瓷研究所工作，1974年回德化瓷厂任艺术瓷车间主任、技术主任。许兴泰潜心瓷雕艺术的研究与创作，在继承传统瓷雕技艺的基础上，博采众长，不断创新，作品形神兼备。他创作的105厘米立莲十八手观音、28厘米坐荷观音、36厘米坐岩观音、大弥勒佛、嫦娥奔月、天女散花等数十件作品参加省、国家陶瓷工艺美术评比并获奖。他与胞弟许兴泽合作研制的 1.75 米立龙观音获中国工艺美术百花奖金杯奖。许兴泰有 6 件作品被中国工艺美术馆、中国历史博物馆、福建省工艺美术珍品馆等收藏。1990 年，许兴泰被中华全国总工会授予“自学成才者”称号；1993 年，被国务院授予“中国工艺美术大师”称号。1997 年 9 月，参加中国工艺美术大师表彰大会，受到国务院总理李鹏接见。先后任德化县第三、四、五届政协常委、泉州市第七届政协委员。

苏清河（1941—2012） 福建省工艺美术大师、中国陶瓷艺术大师。1956 年，进德化瓷厂从事陶瓷雕塑。1963—1976 年，先后被建阳、永春、古田等县瓷厂聘任为技术员。在古田棋坪洋瓷厂任技术员期间，为该厂创作数十种花瓶、茶具等，装饰多种色釉，产品大量出口。1977—1984 年，在德化东际瓷厂开发开片釉新产品，使该厂成为率先大批出口创汇的村办集体企业。1985 年，在宝美瓷厂任技术员。1986 年，创办福建省首家民营科研所；1995 年，科研所被评定为“高科技新产品企业”。

苏清河对陶瓷工艺精益求精。对瓷泥配方、釉水研制、稀土和化工原料的应用、瓷雕造型设计等都有较强的独创性。在继承传统瓷雕技法的同时又有创新，作品形神兼备。在古田棋坪洋瓷厂创作的鲤跃花瓶、雪梅茶具、三打白骨精等工艺瓷获省级奖；在德化东际瓷厂创作的开片釉芭蕉花瓶、天目釉寄艳花瓶获全国陶瓷行业评比一等奖。研究所科研项目“莹玉红”新瓷种、高瓷质节能稀土陶瓷系列获省、市科技进步奖。用“莹玉红”开发制作的系列产品获国家级银奖、金奖，其中坐岩戏珠弥勒、善财、龙女拜观音获中国工艺美术大师精品金奖。与其子苏友德（工艺美术师）合作的“辣椒红九龙贴金花瓶”在第三届中国工艺美术精品博览会上获工艺美术金奖。苏清河研发的“莹玉红”“白瓷开片釉”系列产品，在国内外博览会、展评会上多次获奖，被中国工艺美术馆、国家博物馆等收藏。

2007 年，被文化部授予“国家级非物质文化遗产传承人（德化瓷烧制技艺）”称号；2009 年，享受国务院政府特殊津贴；2010 年 12 月，被中国轻工业协会、中国陶瓷工业协会授予“中国陶瓷艺术大师”称号。

周雅各（1942—2003） 高级工艺美术师。他出生于陶瓷工艺家庭，自幼酷爱陶瓷艺术。1956 年进德化瓷厂，师从苏勤明和陈其泰。1959 年进福建省陶瓷雕塑进修班学习；同年，创作灭火英雄“向秀丽”瓷雕胸像，获德化县“青年创作优秀奖”。1978 年，在德化瓷厂设计室专门从事设计创作，先后创作出 100 多种产品，部分作品选送省、国家以及新加坡、日本、法国、苏联、加拿大等国家参展，其中拐仙、莲花茶具、嫦娥皮灯、济公戏蟋蟀、葫芦仙等7件作品获国家级奖项；洛神、坐石童子观音、荷花茶具、龙头香炉、腾龙花瓶、云龙酒具、披坐观音等12件作品获省级奖项，还有15件作品获市、县级奖。

1992年，周雅各作品在台湾台南市展出，1996年在新加坡展出，均获好评。《人民日报》《福建日报》《羊城晚报》《福建工艺美术》，以及台湾的部分报纸杂志等曾刊载报道，新加坡的《海峡时报》《联合早报》，马来西亚的《南洋商报》等也相继作了报道。周雅各的观音、济公瓷雕和花瓶、皮灯、茶具等10件作品1994年被编入《福建大观系列·福建工艺美术》大型画册。观音、济公、刘海等作品被新加坡国家博物馆收藏。福建省工艺美术珍品馆、杭州南宋官窑博物馆、中国历史博物馆，以及美国芝加哥博物馆等均收藏有其作品。

许兴泽（1947—2012） 浔中镇湖前人，中国陶瓷艺术大师，当代何派瓷雕艺术代表性传承人之一。他的作品线条流畅、细腻柔美，气韵祥和，既继承了何派的艺术特点，又融入现代科技元素，大胆创新，主要作品《立龙大观音》瓷塑（1.7米）、《自回水滴水观音》瓷塑（1.92米），均获国家（珍品）金杯奖。1993年，享受国务院政府特殊津贴。

名人与名瓷

邱双炯 1932年出生，浔中镇凤池人。少年时，在瓷雕名师苏勤明调教下，学习技艺。1951—1992年，曾历任县水利电力局局长，县委副书记。1982年11月，代表县委向中共中央总书记胡耀邦汇报“以电代柴烧瓷”的设想和改革试验。“以电代柴烧瓷”改革的成功，改变了德化陶瓷生产受“柴”制约的局面。

邱双炯在雕塑孔子像

1993 年，邱双炯创办德化县凤凰陶瓷雕塑研究所，任所长兼艺术总监。他潜心研究德化传统工艺陶瓷雕塑及烧制技艺，深悟德化历代名师技艺精髓，探索学习现代雕塑艺术，不断开创突破性制作新工艺。他创作的单件及成套瓷塑作品取材广泛，囊括中国历史人物、神话和经典传说人物、佛教和道教人物、古典文学人物等。

邱双炯以独特技法和烧制工艺，首创了“薄胎瓷塑”艺术，让薄如绢的薄胎瓷，能大面积且不规则地随意应用在瓷塑作品上。同时结合釉下彩及釉上彩的应用，克服传统瓷塑呆板、风格单调等美中不足，将人物、花草刻画得惟妙惟肖、栩栩如生，代表性作品收藏于国家博物馆、中国工艺美术馆和中国工艺美术馆等。

邱双炯还独创大体量瓷塑制作新技术。他通过对瓷土配方、瓷塑造型、瓷胚成型及烧制工艺的精心研究，攻克德化陶瓷雕塑宜小不宜大的技术瓶颈，成功创作了大体量“中国白”塑像。2009 年，他研制的“和善十八罗汉”系列，每尊身高 1 ~ 1.2 米，在江苏无锡灵山梵宫展出并永久收藏。2011 年，“八本尊菩萨”系列，身高均在 1.5 米以上，被江苏常州天宁宝塔永久收藏展示。

邱双炯是中国工艺美术学会最高奖“中国工艺美术终身成就奖”获得者、中国非物质文化遗产保护项目德化瓷烧制技艺代表性传承人、中国陶瓷艺术大师。

王昭君

西施

貂蝉

杨贵妃

邱双炯薄胎瓷塑作品《中国古代四大美人》

柯宏荣与陈桂玉　柯宏荣，德化县浔中镇凤池人，1962 年 8 月出生于陶瓷雕塑艺术家庭，为德化瓷雕艺术家。陈桂玉，女，1962 年 6 月生于浔中镇高阳村。在瓷坛辛勤耕耘，成为德化瓷坛新秀。

柯宏荣的艺术才华除了自身的天赋和勤奋之外，还得益于名师的指点，陈桂玉则主要靠自身的学习和院校深造。在艺术创作中，柯宏荣丰富的创作经验和陈桂玉的艺术理论融为一体，互相启发，相辅相成，创作出一件件让世人瞩目的艺术精品。看过他们创作的作品，总觉得无形总在有形里，有言尽在不言中，或柔情如水，或激奋满怀，或诙谐幽默，或滑稽可笑，洋溢着美的情感。

1993 年，他们创办德化宏益陶瓷雕塑研究所，经常研究人体解剖、素描、国画、书法、装饰以及文学作品，尤其是中国古典文学作品。他们把中国传统文化与现代文化思想相融合，创作出符合时代要求的艺术作品。其造型典雅、富有韵味，内容生动、深刻，有独到的文化内涵和感染力。他俩创作的《苏东坡——钱江观潮》作品，用夸张的手法，洗练的线条，细腻的面部表情，把苏东坡潇洒、豪放的性格，刻画得淋漓尽致。

柯宏荣与陈桂玉在雕塑观音

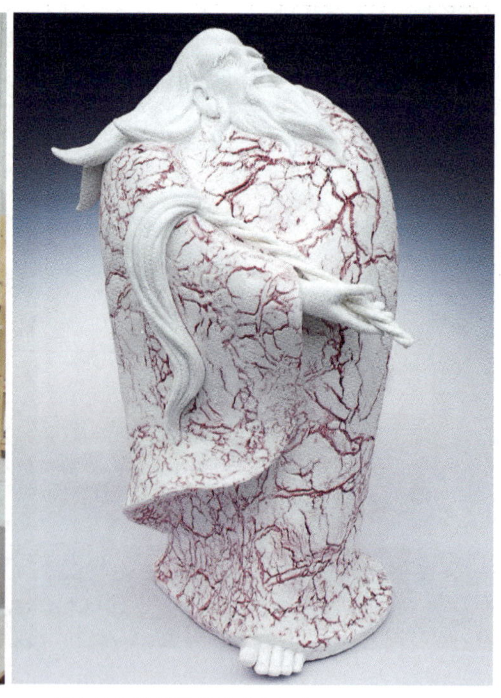

柯宏荣与陈桂玉作品《天问》

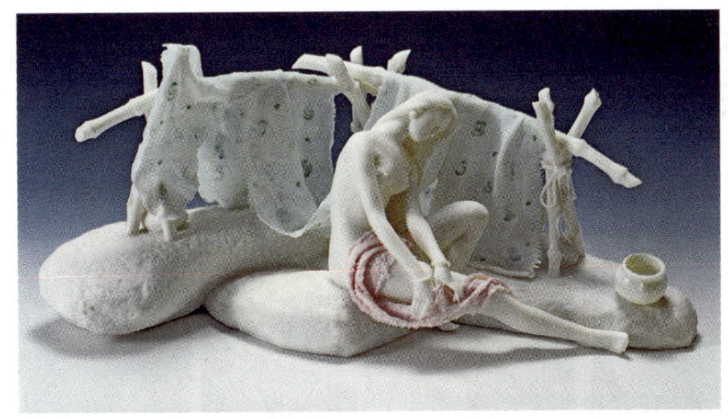

柯宏荣与陈桂玉作品《三月三》

1996 年，他们走出国门，在新加坡举办“夫妻瓷塑艺术精品展”，展出各种题材作品 100 多件，被当地华人华侨及社会人士誉为“世上瓷坛极品”，纷纷争购收藏。《天鹅湖》堪称他们的代表作：它取材于俄罗斯一个古典爱情故事，并通过芭蕾舞这一欧洲古典舞蹈形式，把一个敢于冲破旧世界桎梏，追求美好爱情的少女刻画得淋漓酣畅、完美无缺，令人难以忘怀！

1999 年，他们的作品被中国工艺美术馆、中国历史博物馆收藏。2002 年，他们两人同时被省政府授予“福建省工艺美术大师”“福建省高级美术师”称号。2003 年，同时被授予“中国陶瓷艺术大师”称号。2011 年，柯宏荣享受国务院政府特殊津贴，2012 年，被中国工艺美术协会授予“中国工艺美术大师”称号。

陈明良　1963 年 7 月出生于浔中镇一个陶瓷世家，后拜师陈其泰学习瓷塑艺术。

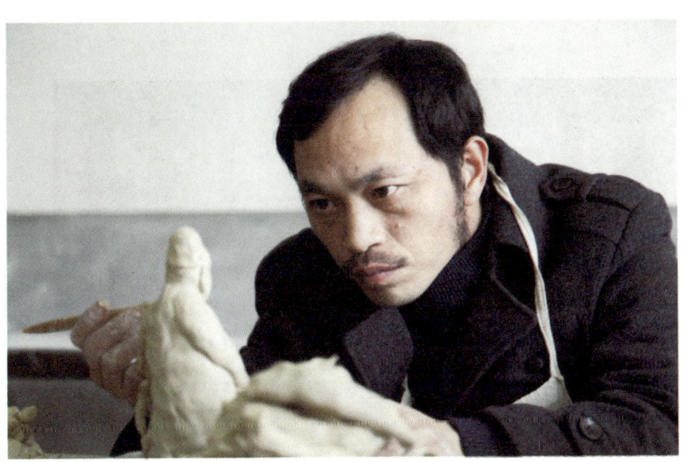

陈明良在雕塑

《志在书在》

《慈航普渡》

《心中佛》

《悟省》

1983 年，陈明良开始独立创作。1987 年，陈明良在凤池街创办“德化县凤池瓷雕厂”。1989 年，在首届北京国际博览会上，作品《千手千眼观音》获金奖。此后，走上收购古瓷之路。通过收藏古瓷来寻找灵感，成了陈明良与众不同的创作之路。他边收藏边创作，收藏的德化陶瓷藏品达 2000 多件。1997 年 11 月，当选为福建省收藏研究会常务理事。

陈明良在收藏和创作过程中，研究了不同历史时期德化陶瓷的特色，研究了不同瓷艺大师的艺术风格。在细致的对比中，找出异同，纳百家之长，把传统技艺发挥到极致，并把自己对创作对象独特的审美意识融入作品之中，形成了自己独特的艺术风格。同时，他还再现了“象牙白”“孩儿红”等珍贵瓷种的特色，经过精雕细琢的艺术加工，使作品达到完美无瑕、炉火纯青的境界。1999 年，中国工艺美术协会等在上海举办“中国国家级工艺美术大师精品展”，陈明良的作品获银、铜、优秀奖。2013，中国轻工业联合会等在北京举办“中国第三届大地奖”评选活动，作品《悟省》获金奖。

彩瓷大碗

2014年5月，陈明良被福建省人民政府授予“福建省第三批非物质文化遗产保护项目德化瓷工艺代表性传承人”称号。7月，与国家博物馆研究员耿东升合著《明清德化白瓷》。2005年5月，陈明良以自己收藏的瓷器为主要审美对象，编著《德化窑古瓷珍品鉴赏》，由福建美术出版社出版发行。2014年，享受国务院政府特殊津贴。2015年2月，被国务院授予“国家级高技能人才”称号。

林福椿 1947年1月生，福建冠福现代家用股份有限公司董事长兼党委书记。

1984年，林福椿到福州和儿子一起经销德化瓷器。1991年，林福椿经营陶瓷赢利20多万元。他回德化县城买地建房，创办德化华鹏瓷厂。大儿子到上海开拓新市场，二儿子在福州继续经销德化陶瓷。

1996年，林福椿投资400万元，创办生产砂锅煲的陶瓷厂。1997年，砂锅煲出现易裂等质量问题。屡经试验，均以失败告终，林福椿从头学起，从配方、成型、烧成等一步步试验，终于试制成功，研制砂锅煲的两项技术获得国家奖励，被列入国家“火炬”科技计划项目，公司获福建省高新技术企业称号。

1999年，林福椿收购一家破产企业，引进先进生产设备，建起三条生产线，生产规模化。2001年，公司改制为股份制企业，生产规模进一步扩大，纳税1300万元，2002年达3000多万元。

2003年，林福椿创办福建冠福现代家用股份有限公司，固定资产1.8亿元，陶瓷产品1000多种，获国家免检产品2项、福建省著名商标2个。同时，建立科研基地——冠福科技园，加强新材料、新技术研发和创新；在上海虹桥机场附近征地130亩，建立

“福康牌”陶瓷煲

“冠福公司”上海五天分公司

物流配送中心——上海五天实业公司；在北京、天津、武汉、成都、沈阳等 20 多个大中城市设立分公司和办事处，在广州、深圳、厦门设立进出口办事部门，“冠福”公司成为全国最大的日用瓷生产企业。这一年，林福椿荣获“福建省劳动模范”等称号，当选为福建省第十届人民代表大会代表，“冠峰耐热瓷有限公司”荣获泉州市科技最高奖——市长特别奖。

2006 年 12 月 29 日，“冠福家用”股票在深圳证券交易所上市，为中国日用陶瓷民营企业第一股。后又发展“海客瑞斯”玻璃器皿和“冠林”竹木两个延伸产品，并建立自主品牌。同时，兴建北京、成都、沈阳等“五天”分销总部，建立全国性营销网络。

2010 年年底，拥有“冠峰”“华鹏”“冠福”“福康”“煲之尊”五大品牌，产品通过 ISO 9002 质量体系认证，其中“高耐热陶瓷”“金玉瓷”获科技部等优秀新产品奖、科技进步奖。公司拥有员工 5000 多人，总产值 3.4 亿元，成为国家高新技术企业、全国创名牌重点企业、国内外知名的家用产业集团。

温克仁 1948 年 10 月生，浔中村人，德化第五瓷厂厂长。1983 年，在全县率先打破“大锅饭”，推出一套建立岗位目标责任制的改革方案。接受县委、县政府“以电代柴烧瓷”试验任务，1985 年研制出一条长 35 米的电热隧道窑，经调试、点火，顺利投入生产，烧成时间比用柴烧瓷的龙窑缩短一半，可以循环生产，效率提高 10 倍。同年，温克仁被评为首批“福建省乡镇企业优秀厂长”。

1985 年，温克仁到比利时、荷兰和法国等地考察。考察期间，拍了数百张西洋工艺

德化第五瓷厂总部

瓷样品照片，带回 200 多万美元订单，并组织人员研制样品、批量生产，成为德化第一家以生产西洋工艺瓷为主的外向型陶瓷企业。年底，德化县委、县政府推广第五瓷厂经验，全县陶瓷厂纷纷调整产品结构，生产西洋工艺瓷，推动德化成为全国最大的西洋工艺瓷生产出口基地。温克仁被德化陶瓷界人士称为“西洋工艺瓷之父”。

1987 年 9 月，福建省代理省长王兆国到德化考察，参观第五瓷厂，听了温克仁的汇报后表示“这个企业搞得很好”。1989 年，德化县组织国营、民营等十多家企业的产品到香港会展中心展览，引来欧美国家许多客商，德化陶瓷企业开始走出国门，开拓国际市场。

温克仁引进的西洋工艺瓷样品

温克仁研制的西洋工艺瓷产品

《海丝陶瓷起源图》

20 世纪 90 年代，温克仁把主要精力转向节能降耗、提高成品率和产品质量上，他研发氧化中温烧成新技术，节能 20%；研发能够和坯体紧密结合的工艺色釉，获国家“七五”星火计划成果银奖；研制出环保陶瓷——轻质陶瓷，产品在自然状态下可风化，实现绿色环保；研制的轻质陶瓷获国际专利，以及釉下彩精陶、高白精陶等新瓷种。德化第五瓷厂被福建省科委评为“高新技术企业”。

2000 年后，温克仁成功研发出“半瓷”“玉瓷”“骨质瓷”等高端新瓷种，先后获“‘6·18’海峡两岸职工创新成果”金奖。2004 年，又成功研制“自生釉骨瓷”，经专家鉴定，“该产品在坯料配方设计方面属于国内外首创，制造工艺方面有创新，在国际上处于领先地位”。9 月，德化第五瓷厂被评为“中国高新技术产业优秀企业”，温克仁被评为“中国高新技术产业优秀企业家”。2008 年，在改革开放 30 周年之际，温克仁被评为“泉州市杰出经济人物”。

郑泽洽 1962 年 7 月 28 日出生，三班镇人，中共党员，高级经济师。1986 年在浔中创办陶瓷颜料厂等。1996 任福建泉州顺美集团有限公司董事长，以“顺天应人，美好自然”理念为企业文化，探索“陶瓷文化 + 科技”“陶瓷文化 + 旅游”“陶瓷文化 + 传媒”“陶瓷文化 + 金融”相结合的发展道路，实现陶瓷文化艺术与现代经济社会生活相融合，推进企业与社会同步发展。

2000 年后，郑泽洽多次到欧洲、美国等地考察，深入了解欧美传统民俗风情和文化，从圣诞节、复活节等西方节日市场上寻找商机，与当地企业界人士交流、探讨，在建立互信的基础上，先后在德国哈根组建顺美集团（德国）分公司，在法兰克福建立顺美集团（欧洲）总公司，注册商标，“顺美”陶瓷、树脂、纸艺等精美工艺品在欧美市场

上绽放异彩。

2013 年，郑泽洽创意构思，聘请福建省陶瓷艺术大师陈合中执笔，绘制《海丝陶瓷起源图》，长 16.8 米、宽 1.9 米，装裱镶嵌在墙壁上，气势恢宏，意蕴丰富，让前来观光旅游的客人，在观赏千奇百态、琳琅满目的陶瓷产品时，也领略到德化乃至中国陶瓷在海上丝绸之路上的历史与辉煌。

2014 年，顺美集团公司工业产值 4.21 亿元、出口创汇 2018 万美元，连续五年出口创汇总量居行业首位。在国内外申请版权作品 5000 多件、专利 51 项。企业质量管理通过 IS0 9001 等国际体系认证。建立“顺美陶瓷文化生活馆”，展厅面积 2 万平方米，展示国内外作品、产品数百万件，成为一个多元文化互相融合的国际陶瓷文化展示中心，为国内高等美术院校师生以及国际陶瓷创作大师提供创新创作基地。

顺美集团总部

顺美集团样品室

顺美集团先后被评为“福建省工业旅游示范企业”“国家文化出口重点企业”“中国驰名商标企业”“中国版权最具影响力企业”等。郑泽洽被评为中国陶瓷行业杰出企业家，获福建省五一劳动奖章，“泉州市年度经济人物”殊荣，为各种慈善事业捐资500多万元。

苏建堆 1962年10月出生于德化县浔中镇宝美村。1989年，他创办全县第一家股份制陶瓷企业——福美工艺陶瓷厂。

1996年，他与香港诚明（国际）有限公司合资创办德化诚美陶瓷制品有限公司，任总经理，引进外资和先进管理经验，先后对瓷土加工、成型、烧成、彩绘等工艺进行改革。1998年，筹资2000多万元，创办德化龙峰陶瓷有限公司，建设花园式厂区。

1999年，苏建堆以“龙峰”为核心企业，组建福建省泉州龙鹏集团有限公司，出任董事长兼总经理。他扩建厂房，引进树脂和蜡制工艺品生产线，获国家自营进出口权，在厦门设立办事处，挺进欧美市场。翌年，苏建堆被评为“福建省劳动模范”。

2001年，他引进先进生产设备和高素质人才，推进企业改造升级。当时龙鹏集团公司用地面积10公顷，建筑面积7.5万多平方米，拥有职工2500多人，其中管理与技术人员200多人，年产值1.5亿元，成为一个规模化生产的工业园。

2004年，他带领科技人员研发中温氧化烧成高白度瓷项目，解决了该项目高耗能、低成品率问题，提高了资源综合利用率。经福建省科技厅鉴定，技术达国内领先

福建省泉州龙鹏集团有限公司

水平。

2005年，他又在美湖乡洋田村创办德化县金灿矿业有限公司及金灿金属选矿厂；收购德化丘埕矿业有限公司；组织科技人员研制出利用尾矿废渣生产陶瓷制品，年节约矿产资源300万吨；研究出利用废水沉淀法治理污水技术，年节约水资源50万吨。2007年，苏建堆被中国陶瓷工业协会评为“中国陶瓷行业优秀企业家”。

2010年，苏建堆经营的龙鹏集团公司固定资产达6.5亿元，累计纳税3亿多元，年自营出口创汇1000多万美元。同年，被国务院授予“全国劳动模范”称号。

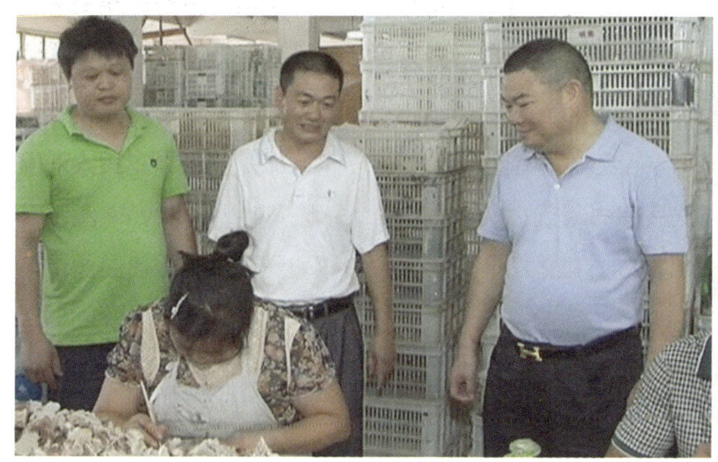

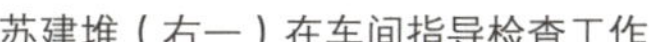

苏建堆（右一）在车间指导检查工作

红釉花瓶

龙浔书院

艺文

浔中是德化经济社会各项事业发展最快的区域，因此也是德化县人文荟萃的地方。尽管因受自然、社会等因素的影响，留下来的文字资料甚少，但从保存的辞赋、散文、诗词、楹联，以及民间流传的歌谣、谚语、民间掌故中，仍可品味到浔中地区厚重的文化底蕴和浓郁的文化氛围。

辞赋

圣主诣雍劝学赋

〔清〕邓启元

惟元后之亶聪兮，作君而兼乎作师。有此姱修以帅天下兮，教顺时而正规。驷玉虬以视学兮，隐衎访道乎崆峒之湄。溯太学所由立兮，五帝肇号曰成均。成以成人为义兮，均以调而为言。曰东序，曰右学，曰东胶，同实而殊名兮，义著尚质与尚文。既远望灵台之巇嵲兮，又近环璧水之清沦。我皇之德，包三涵五以立极兮，厥教本乎五典与三坟。黄帝颛顼之道，敬怠判于毫芒兮，唐虞绍之以执中，尧放勋而舜重华兮，亦揆序而典从。及乎文命，九德是庸，教胄之语，宽栗直温。愿恭扰毅，至道所存。

三圣俨而祗敬兮，汤又申之以表正。文翼翼而缉熙兮，武皇皇而执竞。绵绵千载，至于素王，麟书既出，赤绂呈祥；祖述宪章，旷世独崇。天生我后，道统斯在。尼山续徽，泗水正派。尊师重道，褒封五代。夫惟先后圣之同揆，故能锡类而不隘。

曰道可公兮而不可私，咨尔俊民兮，登高以自下为基。望宫墙之轮奂兮，将释菜而光乎鼒鼐，既卜禘而游志兮，当其可之为时。于焉鸠工庀材，丹楹刻桷，斫涾砻粢，锥卮刮楔。宋庙斐整兮，丹廪朱闼。庙貌重新兮，虔诚以揭。惟日在胃兮，昏中七星，律中姑洗兮，辰为上丁。命卜日于宗伯，戒习舞乎司成，遂乃拚除射宫，涤溉警宗。玮纂陈兮郊东，柷梖具兮上庠。乐人宿悬兮，阼西异方。笙颂两磬兮其南钟，大昕鼓征兮夜未央。卤簿前跸兮，庭燎有光。载日月兮旌虎熊，骖騕褭兮驾苍龙。麾盖蹀躞兮，和鸾锵锵。天子舍奠兮，有飶其香。执鬯输诚兮，珪璋邛邛。笄荐苹蘩兮，靡瞻夫穆皇。大胥掌版以致诸子兮，纷羽舞与牍春。已而应鶫（他东切音通）备举，相雅声喤，祭筵既毕，天子乃讲道于彝伦之堂。毡案论道兮，讲幄徐襄。泮藻风舒兮，圜桥日睍。垠函启兮师道尊，罕譬而喻兮瑶编展。披大学兮敷词，遵雅言兮重谟典。溯正心诚意之渊源兮，合治平以归于至善。本精一以立政兮，惟危微之必辨。

丝纶既降兮，其义博衍。丹书启秘兮，绍道乃缅。尔乃三公九卿，大夫群后，阐幽微显；以至胄子，国之俊选。来若风行，聚若云填。捧瑶笺兮记所闻，簪彩笔兮集成卷。或有操缦之俊，博依之子，徐徐于于，矢求听语。聆经义之烺烺兮，若迷行而得归所。于是乘舆下钧天之座，彻缫席之黼。乃奏王夏，返旌回羽。顾瞻誉髦兮何乐胥，命有司兮锡燕醑。席位象三辰五星兮，清庙既歌而合语。言父子君臣长幼之道兮，合德音之为主。有司告乐阕兮，史臣秉简纪事，以光于万古。先圣之厚德兮，播金声而播为悖史，其时观者如市，环者似堵。或德进而言扬兮，虽郊人亦取上尊以相旅。是知临雍之典，其来旧也欤！

今天子绍百王千圣之统，大宝初登，鸿庥是凝；披彼成宪，案乎史乘。力田是举，孝弟同升。亲郊以严配，耕耤而敬兴。既渐仁而摩义，亦风流而令行。犹以化民成俗，必由于学。观时术之蛾子，琢玉而雕璞。以董戒为曲成兮，庀良材而不遗乎硗确。覆育多士，如伏鹄鷇。吉士将挺生兮，翽翽飞而相飑，盖作人配乎菁莪，典胄追乎韶箭。赫赫乎，洸洸乎，盛德大业至矣哉！

其于永平横经，贞观造士，犹泰山之视乎凷璞耳。敢作颂曰：皇帝践祚，天地合德，寿考作人，藏修游息。薪之樵之，取材朴棫。建国君民，典重庠黉。学礼读书，四术是崇。春诵夏弦，诏之瞽宗。于乐辟雍，天子来临，旆旆神旗，嘒嘒鸾音。大哉王言，一哉王心。多士盍簪，踊踊云从。亲炙圣德，为龙为光。臣拜稽首，寿考不忘。

龙浔赋

〔清〕鲁鼎梅

翳永州之首邑，属泉群之旧区。接三山之云海，征一统之车书；抚雷封之乐土，舒清啸于公余。

粤自仁郁立，德化集；闽王归，封疆入，星野分，形胜岌。鸿宅既鸠，龙浔以邑。仙游东襟，大田西弼，永春南连，尤溪北昵。虽沿革之递更，亘古今而不失。则有陴堞环阓，隘讯列垠，廨含着锦，阛阓如鳞。庙坛肃兮人鬼享，礼乐彬兮士女亲。三十九社民风，浑浑近古；七十二候时序，蔼蔼如春。兵燹昔惊兮，嗟村圩之寂寂，唐虞德洽兮，庆户口之溱溱。顾乃物产茁，民气驯，正供纳，则壤均。麦浪兮吹秀，稼云兮成困。天不爱道，泽自媚珍，山鸡吐锦，畲谷荐新。歌社酒兮，家家扶醉；击土鼓兮，处处吹豳。觇太平之有象，与流峙而方臻。

盖其碧水丹山，神工鬼斧。龙浔千里龙来，凤翥九苞凤舞。戴云云髻梳霞，如插天花；卓笔笔锋指碧，疑书太古。浐水百川波澜，丁溪一夜雷雨。龙门飞浪兮崖轰，虎涧吼空兮涛怒。石穴幽兮古崆峒，澄潭黑兮窟蛟龙。纷千岩与万壑，羌浪卷而云封。览山川之奇秀，想灵异之毓钟。

忆夫川效珍，岳职贡，民献生，福星动。花县春深，琴堂风送。冯、姚更生既困之疮痍，和、撒起更生于疾痛；熊、王若军中之范、韩、张、邓真王国之梁栋。为霖多人，保赤皆中。莫不称佛称神，如鸾如凤。冠籍当年，碑留有众。使君来兮桃李栽，文学振兮科名开。育英才于有用，厉风俗而加培。

爰有天上书记，人间仙才，跌宕文史，啸吟岩隈。思异水兮泉涌，笔非秋兮露来。发大业于名山，驰清誉于仙班。歌鹿鸣而鹊起，登雁塔而龙攀。既文章之炳炳，亦经济之斑斑。

即如政清两浙，宫庶才豪，节标千载，御史风高。林隆甫保守孤城，千人豁免；邓台生痛哭一奏，万姓呼号。真好长官兮，龙南有颂，以死勤事兮，儋州忘劳。

至若统军救宋，十万勤王，血殷顽石，魂毅故乡。或赎父棺于贼寨，或脱叔命于剑铓；或吁君门以甦屯困，或散家资以靖寇强。还遗金兮风何古，赈私橐兮德弥芳。洵孝友之独挚，叹忠义兮难量。

至若女中丈夫，闺内处子，人称未亡；志惟自矢。名初问兮币初陈，秀娘经兮墀娘死；刘妇身陨绝崖，桃娘魂随流水。宁甘贼锋，不受奸滓，缅彼松筠，砺人廉耻。此皆冰玉之精英，要与河岳相终始。

别有一邑之英，百年之皓，表以人瑞之坊，宾为天朝之老。山似终南兮，水若辋川；白云叆叇兮，碧涧清涟。谁其居此？中有人焉。少微朗，处士坚，志尚高，情孤骞。依稀五柳，彷佛七贤。更有六如了悟，九转功圆。疑神疑鬼，成佛成仙。亦自禀夫清淑，爰得洞其空玄。错举人物之蒸蔚，想见扶舆之蜿蜒。固宜韵士高贤，望奥区而栖托；骚人迁客，景芳躅以流连也。

若乃探幽访佚，怀古兴思。琳宫缥缈，梵宇参差。塔翀霄兮山之麓，桥鸣凤兮水之湄。春波楼外波潋滟，云龙桥下龙委蛇。紫云霭霭，金液离离，九仙烟碧，五华月迟。寻仙女之飞凤，读隐士之残碑。王龟龄龙池，波涛自昔，真西山古迹，霖雨犹滋。井逢端午而独溢；树老百年以长枝。汤泉滚滚兮，沸如温谷，瑞莲亭亭兮，香满泮池。斯固龙浔之声名文物，讵云岩邑为僻陋荒夷？爰略敷其梗概，而重缀以歌诗。

歌曰：水汤汤兮山峨峨，选胜概兮有且多，灵而杰兮大非夸，千秋万世兮天宝物华！

龙浔山赋

〔清〕涂廷观

惟龙山之赝廲，镇浔水之瀹溸。既蜿蜒而奔矗，亦磅礴而嶙峋；势狞狰以蹲踞，羌擎柱于苑旻。堆青抹紫，簇绣长春。屹尔海邦之镇，岿然疆域之尊。溯自星分牛女，地擅闽中。五华攒翠，双髻嵌空。云驰如戴，屏绣似幪。岩石礧硊，奇树茂葱。曦含朝旭，爽御晚风。辐辏万家，烟火参差，城郭西东。若乃云桥锁浪，丁字画波，双鱼游荡，石柱嵯峨。塔则冲霄兮硝碣，亭则登高兮盘陀。睡龙醒五丁之凿，焰石班玉笋之罗。岳阳楼之大观，缤纷紫气；醉翁亭之胜概，酝酿太和。所以天马冲岗，雪山积邃，七台东挺，九仙西峙。南堤则辉览凤翥，北岭则嵎负虎贲。涌泉天插，瀑布飞碎玉之虹；液洞云连，双阳献妆金之帜。叠巘巑屹，层峦嵚崴，树痕偕地轴旋旖，鸟语共山光妩媚。尔乃天晴日霁，选胜探幽，和阳满绿，异露垂秋。名流蹑屐而把臂，仙客握尘以来游。采香荃于南浦，搴杜若兮芳洲。亭榭干霄，仿佛斗宫牛殿；山川满目，依稀海市蜃楼。爰有案头仙吏，玉皇书记，暂谪人间，因物见志。陟崥崹以赋诗，临山轨而望气。绿畦蒲秀，花催麦浪双歧；紫圃杏芳，人识桑阴三异。危磴摇曳兮鹤立鸾栖，绝顶翱翔兮车驰马戏。至夫地脉坟起，人物阶升。比户弦歌，近紫阳之追琢；载途讴舞，推刘令之振兴。奕叶簪花，林朝请文章卓卓；渊源理学，苏待问风节棱棱。盖川岳毓灵恒泄，奇子瀛洲蓬岛；而英豪拔萃直藉，锺乎霞蔚云蒸也。歌曰："龙山峣屼兮树绕云烟，雉堞回环兮珪方璧圆；高人韵士兮屐齿蹁跹，登高作赋兮累牍连篇。千蹊桃李兮锦映霞鲜，山有知己兮地以人传，地灵人杰兮于斯万年！"

驾云亭记

〔明〕王慎中[①]

德化令绪君东山为政之期年，作亭于其县龙浔山之顶，而名之曰"驾云之亭"，亭

① 王慎中，明参政提学，晋江人。

之所以作，非君以劳而思自休，以为游观娱啸之地也。其说具于县之人士所为，来请记之。书云："德化为邑，封域固俭，然亦具有司应令典职贡，赋艺不后他县，而人才之生，独为寥简，或绵都越井，无弦诵声。每三岁比士，县之士阔焉，不与登选之数，至阅数十岁而不得一焉。县固以为耻，而君犹以是为病。"于是有言者曰："县之负此耻，固云人事，抑亦有地理也？"县之山磅礴蟠际不知其几百里，峰峦冈巘，回互蹙沓，殆不可数。而龙浔一山，巍然膺县治之南，蜿蜒夭矫。其来若翔，其止若蛰，厥名为龙。惟亭于其上，以增益此山之势，如龙之昂然骧首而思奋。其于文事之兴，必有助矣。盖其说习传已久，县之人力既不足以自为，而为令者又漫然莫之省也。君独心喜其说，而力能敏于事，而龙浔之山，于是有亭。亭之所为名，则君取其意，以符所以作亭之本旨。盖云之于龙类也。予既受书而不得辞，乃为之记。

夫度土相原，视景望气，敦琢胜美而会集休祥，古之作室建国者盖多有其法。若夫为亭于山，以起龙而致云，谓将有补十举贤选材之数，古无有也。岂亦沿前之说，支其方术而屡变以巧耶？天地之高远，鬼神之幽微，质之而无端，叩之莫得其朕。而卜筮、瞽史、谶祝之教，先王皆存而用之。其兆证于事，而占效于物。盖精诚所极，非卜筮、瞽史、谶祝之能为神，然而知之者以为精诚，而愚者以为神故。卜筮、瞽史、谶祝常行于世，而其教为民之所由而不可废，何也？以其亦有益于人之勉功而作事也。彼其术虽屡变而巧，盖亦近于卜筮、瞽史、谶祝之言，以其传之久而信之深，距而攻之，未足以解惑祛蔽而因而修之，使士者悦于耳目之新，相率去其有所诿而怠以止之锢，兴起其志于欢忭鼓舞之中，而亹亹以进，虽户谕家诱，未有若斯之速也。嗟乎！孰知夫伐石斩木以营构于此，所以为授经挟册而课督于彼乎？或者顾以其邻于诬与怪而诮之，其亦过矣。以予所闻，德化之士多聪明茂美之材，又知向学以自增益，人文之兴，必在于斯时，而亭方作，盖士之聪明而好学，其材必成，而为世之所择取，以施于用，当昌硕光显矣。予知此亭之作，无预于选材之数，而人材之兴，会逢其时，将终有以名此亭也。姑记以为俟。

诗词

登驾云亭三首

〔明〕绪东山

（一）

几为宪檄启行旌，漫向云亭一振缨。
山色还连春色好，溪声争似鸟声清。
望中烟树千村晓，吟外松楸万古情。
得到上头须着意，要知满眼是苍生。

（二）

昨夜城头雨浥尘，烟云好似画图真。
溪山自有天城险，花木何须鸟报春？
题不尽诗因境丽，耕无遗地为民贫。
武城自古多豪俊，管取弦歌次第新。

（三）

树林楼台墙角云，溪山城郭不须分。
桥拖虹影中流见，烟带钟声隔岭闻；
万迭峰峦成保障，一川花柳自回文。
春光到处人知惜，野老扶犁到夕曛。

驾云亭和韵三首

〔明〕方继睿

（一）

喜向岩城建一旌，云亭胜日会簪缨。

山妆春色晴偏好，风递松声晓更清。
屐履逍遥灵运兴，江湖怅望仲淹情。
登临每嘱樵和牧，亭外休伤梧槚生。

（二）

楼台高起净无尘，望里云山今觉真。
虹影低垂跨二水，花枝长发斗三春。
酿泉满酌能同乐，元草盈箱未信贫。
此日四郊传盛事，文明气象喜生新！

（三）

新作危亭号驾云，天光野色欲平分。
春来铺绣千山映，夜静鸣钟万壑闻。
远眺岚烟连海角，仰攀霞彩动星文。
不妨公暇时登览，几度游人醉夕曛。

龙浔山小春烟景

〔明〕郭维翰

独向青山问岁华，小春有脚到天涯。
闲看烟渚苍茫色，睇望云峦掩映斜。
碧绿寒轻仍放蕊，李桃叶瘦又开花。
平原何事拼余醉，盏底流光迅似车。

驾云亭宴集

〔明〕郭维翰

亭子高高宿晓云，客来空翠落纷纷。
溪光掩映人烟接，虹影低横浦树分。
暂借伴闲看变局，共拼一醉对斜曛。
搔头莫问惊人句，谢朓当年已不群。

龙浔八景

〔清〕般式训

云亭春望

云亭峻耸山城隅，风景凭睇四望殊。
登临最是三春好，到处花开似锦铺。

字水晴波

谁画双流将字名？凭高一望甚分明。
微波荡漾新晴日，阵阵熏风送水声。

双鱼月色

鱼案千松绿未齐，月光影里淡烟迷。
此中风景宜遥望，半夜清樽好对携。

凤翥朝岚

嵬然凤翥倚苍冥，麓拥烟岚展素屏。
好是横铺遮欲尽，惟余天际一峰青。

程田松涛

程田松老绕丛林，龙干虬枝几十寻。
钟磬无心禅定处，长闻空外起潮音。

瑶台陶烟

宇内闻声说建窑，坚姿素质似琨瑶。
乘闲每上峰头望，几道清烟向暮飘。

绣屏积翠

锦屏端拱北城头，远树含烟翠欲流。
有路竞趋求利客，几人解向景中游。

蕉溪温泉

蕉溪桥下石间泉，疑是地中有火然。
一泓清澈长温水，聊寄濯缨与世传。

驾云亭晓望

〔清〕力子侗

天外孤亭曙气氲，荡胸高处俯层轩。
霞明列嶂红千迭，雾带长溪白一痕。
隔树草炖飞夜火，傍城林鸟散晨村。
牧樵满眼云间思，欲访渔郎问太玄。

登龙浔山

〔清〕曾晋

山城带交流，环嶂境初拓。中有郁郁观，佳气冲孤崿。
相看每心玩，暇日屐乃托。凌虚一纵目，洞豁荡心魄。
霞石触层巇，丛木下诸壑。吁嗟气候移，光景无淹薄。
长啸隐苏门，岘山凄挥落。纷吾登览意，远离重寥索。
日暮望关山，抚襟殊错愕。归径映萝月，孤琴鸣虚阁。

浐溪即景

〔清〕王佐

一带清流绕郭门，公余缓步听潺湲。
烟拖陶柳芳洲霭，风送潘花锦浪翻。
雷雨开来符古谶，云龙巽出见真源。
波间鸥鹭闲如许，踏向沙头共负暄。

浔堤夜坐望驾云峰

〔清〕林汪远

高峰天际出，抱月照清池。酒酌于其上，诗成在此时。
平郊烟火静，过岸钟声迟。秋色莹如镜，愿持赠所思。

驾云亭晚眺

〔清〕谢祈出

驾云亭上浸留题，回首残阳挂树西。郭外牧童随犊返，林间鸟鹊带烟栖。
晚炊缕缕全城动，野色苍苍二水迷。几阵凉风衣袂冷，一声长啸下云梯。

龙浔纪胜

〔清〕王必昌

闽邦开土宇，宋室盛斯文。申画成天险，丁流辨地垠。
半山环雉堞，三市傍溪渍。社以层峦隔，村因绝壑分。
衣冠崇简素，草木吐清芬。岚郁晴疑雨，嶂高暮带曛。
石泉资灌溉，岩阜藉耕耘。有路惟过鸟，无峰不说云。
洞幽佛藏蜕，林窈鹿为群。沕穆风犹古，确硗力尚勤。
百年声教洽，八里咏歌闻。龙凤传名胜，簪毫纪瑞氛。

龙浔山回文

〔清〕王必昌

钟灵地角抹云山，胜览频来同侣攀。
封磴古苔滋翠点，拂岚晴岫拥青环。
峰攒怪石危亭倚，郭绕长虹双水擐。
钟外花城春霭霭，龙浔起色瑞穹寰。

龙浔春晓

〔清〕陈凤鸣

山城风物趁春明，曙色苍茫景倍清。
柳为眠云慵未起，花因吸露醉方醒。
一溪烟染双桥彩，万壑岚薰四野晴。
听得邻翁呼载酒，日高相约看流莺。

缨溪八景

〔清〕李鼒

巢松阁

蒲湖烟雨垫龙舒，绿浸楼空数架书；
暮窗半闭轻钗落，闲杀风涛陶隐居。

落月潭

半插青山接石阴，碧轮穿透绿平沉。
跳波练影争春暖，好泻幽泉入绮琴。

荇带院

晚钟佛火绕林虚，敲彻孤僧欲定初；
茶铛烧尽鹤癯梦，一道溪云半入庐。

磨石村

堤横掩映画图中，杓覆青杨莫教通。
鸡声数点催犁早，绿到平畴晓日红。

三峡洞

明河倾倒小龙湫，星落嵯峨带阁浮。
幽咽泉流风过处，声声唤出瞿塘秋。

流春桥

晴虹一带锁溪门，闲送飞花第几村。
似忆灞陵添客思，解鞍欲上绿杨屯。

杨柳岸

暗黄催尽晓莺飞，翠浪丝丝欲染衣。
拟解小舟寻远屿，斜烟春水带孤晖。

桃花涯

尽翻锦浪满溪风，前度刘郎应未逢。
三十年来微笑后，从他历乱水流红。

云龙桥

〔清〕王必昌

长虹横亘各西东，矩泄规连绝岸通。
心力不辞三载瘁，神工直与万安同。
波回丁水迟明月，雨霁云山落彩虹。
从此祥符鳌背谶，凤池染翰颂侯公。

西天室读书

〔清〕曾西元

读书是处最深清，直上峰头扣掩荆。
子侄渐亲知日暇，江山无故觉情生。
每于高处留吟咏，不碍云间远送迎。
犹爱夕阳归去晚，隔林依旧数钟声。

蔡尚思诗（选）

回忆缨溪（西敦乡内洋）

李道泰墓缨溪宫，相近相对不相通；
此色水声悦耳目，幼时流连老难忘。

回忆故居（德化西敦乡内洋）

我家内洋偏于东，三面环山包围中；
茫茫远望县前岭，天然美景胜画工。

喜闻德化图书展览

文化要提高，图书是根本；我很爱图书，更爱图书馆。
多买不多藏，赠书决不断；德化虽落后，开始有“书展”。

书多多益善，永久难填满；我愿后来者，勉人又自勉。

赠青年二首

（一）

人贵实学与才能，不贵学位与功名；
先秦不少贫贱者，也有胆识来争鸣；
诗人李白杜子美，小说曹霑蒲松龄；
国学国维及太炎，史家陈垣柳贻征；
自学成才多得很，科学也有华罗庚；
大专毕业才开始，学术生命是毕生；
一日之计在于晨，一生之计在年青。

（二）

一切都要讨代价，便宜之事不足爱；
有的先苦才有甘，有的似利而实害；
坏事往往变好事，在于真能识成败；
我是一个过来人，所以努力不敢懈。

德化特白瓷器

旅游必到德化城，东方白瓷早驰名。
宝石象牙等颜色，更为可贵而难能。
五十多年离德化，去岁才有故乡行。
走遍瓷厂大欣赏，真感惊奇与光荣。

“瓷圣”何朝宗

明代德化何朝宗，瓷艺史上实无双。
我今称他为“瓷圣”，他最无愧足以当。
何公朝宗生于明，中国艺术之光荣。
“通史”“辞曲”无其名，我最为他抱不平。

楹联

ファ

胝传固始积业功绩愿子孙无坠志气；
派衍金沙由泉入德佐照朝大启文明。

——邓氏宗庙

非梧不宿冲霄起；隙地能容活水来。

——凤池街凤池楼

相公保国忠贞载史册；安邦学术策略振华夷。

——石鼓相垵堂

井水有本源应思宗功祖德该继接；
美景欲灿烂当筹伟业宏图可发扬。

——石鼓井美堂

四世入圣门诗礼传家称东鲁；
三代登相府文章华国羡龙山。

——祖厝村曾氏家庙

美境结庐址惟俭为本；金银满廪财至品惟高。

——龙翰美金堂

龙聚宝地龙凤来仪建百代功业佑子孙成龙；
德广宏天德泽及世贻千秋勋绩皆祖宗积德。

——浔中龙德堂

龙山衍箕裘逐肇科荣辟诗敦胜地；
兴隆垂德泽江山史画拥万古经纶。

——浔中龙兴堂

仙居琼楼人居福地祥云缭绕真仙境；
境茁风物梓植奇英辟里罗布若锦屏。

——仙境村仙境堂

着意栽培灯火结成丹桂；
留心涵养砚田飞出金龙。

——龙翰艺林书院

脉衍科荣喜地灵蟠结长聚千年国族；
学绳东鲁看人杰炽昌丕振百代家声。

——祖厝科荣堂

凤鸟鸣高岗雅音和声谐管龠；
岐山重瑞气琼枝玉树耸云霄。

——诗敦凤岐堂

鳌山灯竞放缘百姓安居乐业；
头管弦常鸣颂神州歌舞升平。

——浔中鳌头堂

继先祖血脉无非扩充家族宗族国族以求兴盛；
述当前时务惟有积极抗倭驱倭灭倭方能图生。

——浔中继述堂

传说

瓷洞箫

远古时，德化有一位制瓷大师，花了十年时间，精心制作，终于烧成一支奇特的瓷洞箫。每当用这支瓷洞箫吹奏，德化山城东边飞来龙，西边飞来凤，南边鱼虾跳跃，北边百鸟来仪，一派喜庆欢乐景象。朝廷有人听到这消息，互相传说，百官觉得奇怪，便上奏皇帝。皇上便下旨将这支瓷洞箫征召入宫。听惯了瓷箫声的龙、凤、鸟、雀、鱼、虾等都留在德化山城周围演化成形，东边龙变成龙浔山，西边凤变成凤凰山，南边鱼、虾在浐溪戏水跳跃，北边百鸟在群山云集，共同维护德化山城的美好风光。

这支瓷洞箫送入皇宫后，特别显灵，皇上视为珍宝，每年举行专门仪式吹奏四次，一吹风调雨顺，二吹五谷丰登，三吹人民康乐，四吹天下太平。然后作为国宝收藏。

玄女托梦教拱窑

北宋时期，泉州港是东方第一大港，是“海上丝绸之路”的重要出口。德化陶瓷是“海上丝绸之路”的重要商品，其瓷器供不应求。当时，德化烧瓷的窑炉小，容量少，不能满足陶瓷生产的需要。

传说，浔中草埔尾有个叫林炳的拱窑师傅，多次尝试拱大窑。大窑炉拱成后，窑火一冲，窑顶便塌陷，屡试屡败，让他非常苦恼。有一天，林炳坐在塌陷的窑炉前，苦苦思索，想着想着睡着了。在睡梦中，林炳看见玄女脚踩云朵，从空中慢慢飘来，站在他面前庄重地解开衣襟，露出一对圆鼓鼓的乳房，并对林炳示意地指一指塌陷的窑炉，又指一指乳房。林炳正要起身行礼请教时，玄女却无声地隐没在云彩之中走了。

林炳醒来，仔细想想梦中的情景，感到十分蹊跷。他站起来，走到塌陷的窑炉前，不觉眼前一亮，突然明白了玄女“指点”的含意。于是，他按照玄女的指点，把大窑的窑顶改成像乳房一样的圆拱形，烧窑时窑房不再塌陷了。不仅烧成的数量多，而且瓷器的质量也比小窑炉好。后来，他又经过多次改造，利用山坡地形，把几个窑炉串联起

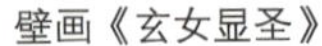
壁画《玄女显圣》

壁画《朝思暮想》

来，既能充分利用余热，又大大增加产量，窑体也更加牢固。

南宋时，有一个叫加藤四郎的日本人，到德化学习陶瓷技艺，把这种造窑技术带回日本，建成像德化一样的窑炉，并把它称为“德化窑”，尊奉林炳为“陶祖神”。从此，“德化窑”的名声传遍天下。

瓷眠床

明代中叶，皇上看到德化窑的瓷器如脂似玉，爱不释手，就下旨要德化窑烧制瓷眠床进贡。德化县官指令盖德黄氏窑主制作，结果烧制失败，误了进贡期限，遭受抄家灭族之祸。

德化县官又指令浔中地区的张墘陈氏太平窑制作生产。陈氏族人接到圣旨后，组织专业人员精选瓷土试烧，总结出烧制过程中瓷坯受缩和火候的情况，吸取经验教训。然后一面聘请技术高明的木匠师傅设计床架，一面派人购买烧制陶瓷最好的燃料松柴。组织人员精选瓷土，经粉碎、淘洗去杂、沉淀发酵等精细加工后，按木匠师傅的设计方案，制作床脚、床柱、床框，以及榫头、榫眼等，请瓷雕大师雕刻龙、凤等图案。眠床瓷坯成型三张，晾干后，小心、仔细装进窑炉。窑炉点火前，杀猪宰羊、备办丰盛的果品菜肴祭窑神，请烧窑师傅点火烧窑。点火后，烧窑师傅日夜观测火候，带班监工头人、劈柴送柴小工等人员日夜值班。烧成后，把烧好的瓷眠床部件挑到陈氏祖厝豹尾堂安装，结果只安装好两张眠床。一张交给官府进贡朝廷皇帝，一张秘密藏进山洞。陈氏族亲因在太平窑一次烧成两张瓷眠床，能过上太平日子，遂在太平窑建架“太平宫”，供奉太平窑神，以保瓷业兴旺。数百年来，太平宫的香火和当地的窑火均兴盛延绵。

逢蛟拔角　遇虎抽牙

明末清初，德化县蒲坂村有一个叫邓孕槐的举人，他有个朋友是两江（江苏、安徽、江西）巡按。有一次，他去拜访巡按，正好巡按有事要外出，将官印托他代理。

不久，顺治入关称帝，统一全国，并将归顺的汉官调入京城，行参拜礼后重新启用。但是，两江巡按有去无回，巡按的下属对邓孕槐说：“巡按大人不在，你是代理的，应该进京去参拜啊。”邓孕槐只好带着官印和朝服进京。

顺治帝对入京的汉官说：“你们原来当什么官，回去照旧当什么官。”汉官们参拜顺治帝后，便回去继续上任，只有邓孕槐站在一边，不敢上前参拜。顺治帝问洪承畴：“站着不来参拜的是什么人？”洪承畴说：“他是两江巡按邓孕槐。”说罢便拉邓孕槐去参拜。顺治帝见邓孕槐老实忠厚，照旧封他为两江巡按，并派他到福建巡视。

邓孕槐回乡后，正好老父亲做七十大寿。漳（漳州）泉（泉州）道台送来十八担白银做寿礼。邓孕槐不收，对送礼的人说：“道台大人的心意我领了，但是白银你们一定要挑回去。”漳泉道台以为邓孕槐是怕人议论，就在白银上铺满了蛏干、虾米等海产，再次送来。邓孕槐见是一般海产，勉强收下了。过后，他发现海产下面照旧是白银，只好将白银和海产原封不动地挑进京城，对顺治帝说：“巡按一职不可无。我不接受行贿，却有人硬要送我十八担白银。若是我开口说要三十担，也会照样送。可见有些官员无人监督就不会清廉。”

顺治帝见邓孕槐如此忠诚廉洁，很是高兴，便派他去全国巡视。邓孕槐说：“我是汉人，官微职小，恐各地官员不服。”顺治帝说：“我赐你一道圣旨，若有不服者，可照此行事。”

圣旨写道：“逢蛟拔角，遇虎抽牙。若卿所到，如朕亲查。”这道圣旨一直到解放初，还挂在邓家祖厝的厅堂上。

李道泰传闻

李道泰，德化城关苏坂里人，清顺治十八年（1661）进士，当过江西建昌县令、云南省开化府知府。在他出仕之前，留下了有趣的传闻。

饮水思源 有一天，李道泰到赖垓家中拜访求教。赖府家人把他带到客厅。赖垓家人对李道泰说：“赖大人没闲接待，把客厅十缸（杯）清水喝下去就可回去。”李道泰将十缸水喝完就走了。李道泰第二日再次登门拜访，赖垓还是不接见，吩咐家人，叫李道泰把客厅三缸水喝完了就可以回去。李道泰无可奈何只好再喝。他边喝水边想，赖垓要我喝三缸清水，一是考验我有没有勇气喝下；二是要我饮水思源，不要忘本；三是教我今后出头之日要如水一样清白。越想越觉得有道理，不知不觉三缸水又喝完了，说声“感谢赖大人教诲”，就离开赖府，回到家乡。

发愤读书 李道泰参加省试后，就到李溪虎贲岩一石室攻读四书五经，从不回家。有一年端午节，李母思子心切，带着糯米粽和红砂糖，到虎贲岩看望他。李道泰看见母亲到来，只招呼一声“母亲”，又埋头读书。当李母叫他吃粽蘸糖时，他只是“嗯”一声，拿着糯米粽随手一伸，蘸着墨汁，就张开大口吃得满嘴是黑墨。李母看见自己的儿子读书成呆了，就劝他回家。李道泰读书心切，怎么也不肯回家，一直在石室攻读，顺治十八年上京赴考，终功成名就。如今虎贲岩李道泰石室书房遗迹还在。

李三娘和甘重熙故事

清康熙年间（1662—1722），浔中龙翰村有一个叫甘重熙的才子。他不仅文墨好，才学博，相貌也很标致。

康熙十二年（1673），有一次，溪阳乡的林模与他同去京城赴试。两人来到苏州城，遇着连下好几天大雨，河水涨满，不能过岸，两人只好在苏州歇下来。林模说："甘兄，反正考期还未到，不如趁这个机会好好游苏州。"林模这一提醒，甘重熙突然想起行前的一个梦。他梦见有一个叫李三娘的小姐，对他说这次考试的题目，并说自己是苏州人，家住某一条街，吩咐他赴考来时一定要去相探。甘重熙心想，何不趁这时就去探访李三娘。

经过探听，两人果然找到李三娘的家。看门的家丁说，李三娘已经死去两个多月了。甘重熙不信，一定要进去见主人，家人只好带他去见李夫人。

原来二年前，李三娘的父亲在德化做知县，她随父母到任所，在德化知道甘重熙的才学，就暗暗地爱上他。但是李三娘是县太爷的千金小姐，不敢轻易行出衙门外，自然无办法结识甘重熙，只好暗中相思，怨叹度日。转眼三年任期已满，李三娘随父亲回到苏州，整天忧愁苦闷，相思成疾，就病倒在床。没有几天，李三娘声声叫着甘重熙的名字去世了。临死之前吩咐说：她死后不要埋葬，将棺材停放在后堂，日后有一个叫甘重熙的书生会来为她吊丧。

甘重熙想到李三娘对自己这么痴情，再联想到她梦中所托，就要求李夫人开棺，让他和李三娘见面。李夫人也感觉这件事很蹊跷，再看甘重熙这么有情有义，便带他去后堂开棺。棺材里的李三娘面有血色，神情还带着忧愁苦闷。甘重熙一见着李三娘，马上叹惜地流下泪水。就在这时，李三娘睁开双目，慢慢地坐起来，牵着自己的裙角，看了甘重熙一眼，棺材内飘起一丝青烟，最后才慢慢地再倒下去。甘重熙一时惊得面无血色，再看到李三娘的裙角用红丝线绣着"甘重熙之妻"五个字，马上魂飞魄散，昏倒在地。

甘重熙醒来以后，就大病在床。他知道自己将不久于人世，便把李三娘梦中说的考题传送给林模，吩咐林模：等他死后，将他和李三娘的棺材运回德化合葬。后事交代完毕，甘重熙便去世了。

甘重熙死后，林模单身去京城赴试。这次的考题真的和李三娘说的一样。林模没用什么力气，就中了进士。林模中进士后，将甘重熙灵柩运回德化龙翰安葬。

时甘重熙年四十八岁，有四子，且已均中秀才。甘重熙之父甘九等是古田县正堂兼训导，有“父贡子举孙文秀”之誉，曾获恩赐“父子之魁”牌匾。

王进士与曾进士

早时，德化城关有两位进士，一个王必昌，一个曾西元，他们两个相处很好，没有事的时候，常常做文字游戏。

“吃半节鲁” 有一年冬天，王进士请曾进士吃“半节鲁”，桌子上只有一碗鱼，吃完后曾进士问道：“只有这碗鱼吗？”王进士回答说：“请帖上不是写明吃半节鲁吗？”曾进士领悟其意思，点头笑之。过了几天曾进士亦放帖请王进士吃“半节鲁”。王进士按时到达曾进士家里，只见门外安放着两把太师椅，曾进士出来请他同坐，两人谈古论今，不觉日已过午，王进士觉得肚子已饿，毫不客气地说：“今天你请我吃什么？”曾进士话音放的很慢地说：“你前天请我吃鱼是上半节鲁，今天天气较冷，我请你曝日，是吃下半节鲁。一个题目分两次做，有什么可嫌呢？”两进士别有风趣地昂首拍掌大笑。

“东门皮三” 时县城东门外有一小店铺，店主叫皮三，以鞋业为生。有一天曾进士经过皮三的店门口，看见店铺的招牌写着“甲乙”两字，就问皮三：“你家的招牌是什么人写的？”皮三如实回答：“是王进士写的。”曾进士风趣地说：“以我看，甲像钻子，乙像鞋刀，分明是说你皮三是个鞋匠，这个招牌名不好。”皮三听了感到很有道理，就请求他改换，曾进士马上提笔写了“阑波”两字换上。不久，王进士看见皮三的招牌换了。就问皮三为什么要改换招牌，皮三用曾进士的话回答。王进士说：“我没有调笑你，但你却被曾进士嘲笑了，不信我分析给你听，阑字分开是东门，波字分开即皮三，把你的名字和住址写成铺名，这不是在嘲笑你吗？”这一趣事，一直在民间流传下来。

大事纪略

浔中地处德化县交通枢纽，是全县政治、经济、文化中心，再加上瓷都的魅力，因此，历史上曾发生不少与“德化窑”“德化瓷”有关的大事、要事。20 世纪 80 年代后，党和政府各级领导人多次到浔中，给这块相对偏远的土地，带来了国家改革开放的春风。浔中镇广大干部和群众不忘初心和嘱托，干事创业，给后人留下了值得永远缅怀的记忆。

德化县治址设浔中

唐贞元年间（785—805），析永泰县归义乡置归德场，场址设浔中。后唐长兴四年（933），闽王王延钧令升归德场为德化县，县治所仍设浔中，并一直延续未变，为浔中成为德化县政治、经济、文化中心奠定基础。

浔中“德化窑”传入日本

南宋嘉定十六年（1223），日本人加藤四郎到德化浔中等学习制瓷技术，回国后依法烧制陶瓷，并传承后人。其建造的窑炉至今仍称为“德化窑”。日本人铃木已代三原在《窑炉》一书中，专门介绍德化阶级窑，誉其为“串窑始祖”。21 世纪，日本濑户陶瓷窑炉仍称为“德化窑”。2000 年 2 月，一位日本人到浔中镇石山村匾狗仔购买了一座刚停产不久的蛇目窑，把拆下来的窑砖全部运回日本，并聘请德化老技师到日本按窑炉原样重建，命名为“龙神”，供游人参观。

马可·波罗从中国带回德化浔中瓷

元至元二十九年（1292），意大利旅行家马可·.波罗来到中国，他在《马可·波罗游记》中记述了在福建德化的见闻，“在刺桐城（泉州）附近有一别城，名称迪云州（德化浔中），制造碗及瓷器，既多且美”。“除此港外，他港皆不制此物。”他从中国带回大批德化浔中瓷器，有一部分珍藏在意大利博物馆，被称为马可·波罗瓷。

陈焕拱起义

陈焕拱（1857—1893），又叫陈拱，字伯垂，浔中镇坪埔人。自幼习武，深得众望。

清光绪十六年（1890），永春州刑幕派亲信把持德化县盐局，勾结县令高抬盐价，短斤少两，甚至在盐中掺入大量沙土，百姓怨声载道。陈焕拱受民众推举，为首上告至县衙，县令反诬陈焕拱“嚣民闹事”，令典吏将陈焕拱拘禁。陈焕拱继续控诉于州、道，旋上告至省衙，连呈30状，均不得受理。省衙反以“恶人作乱”为辞，派兵入德化缉拿他，陈焕拱得众人相助后逃脱。

光绪十七年农历八月，陈焕拱在德化县东北部的上涌等地区发动民众反抗暴税。这里的民众受盐税最苦，一呼百应，立即在上涌法林寺聚集了数百人。众推陈焕拱为首领，从法林寺出发，攻占赤水盐馆，开盐仓济民，捉拿盐馆酷吏并斩首，以平民愤。

起义军首战告捷，乘胜进攻德化县城，一举占领县衙，烧毁盐册。县令周廷献出逃。陈焕拱临堂理事，安抚民众。后来，清政府新任县官纠合乡兵武装分三路反扑，起义军寡不敌众，陈焕拱率军突出重围，退入雷峰双芹一带，以图再起。

农历九月，陈焕拱在戴云山莲花池集众数百誓师再战。起义军经上涌，出小铭，在赤水与官军激战，砍杀官军多人。后因刀棒抵不过官军的枪炮，起义军退往安溪等地继续活动。后义军被官兵围困，不少义军不幸被捕并惨遭杀害。光绪十八年，陈焕拱继续抗击官军，在赤水大尖山不幸被捕，翌年于福州就义，年方 36 岁。

德化人民为了纪念陈焕拱反盐税抗暴力的功绩，自发捐资，在浔中镇前岭脚建“陈焕拱祠”，并把他事迹编成歌谣《陈拱歌》，在民间传唱，颂扬。

1915 年瓷塑作品首获国际金奖

1915 年，浔中宝美陶瓷艺人苏学金瓷塑作品《梅花》，参加巴拿马万国博览会展览，获金奖。德化县县长吴承铣赠“极深研究”匾额。作品为首创捏塑，虬根交盘，老干横枝，新枝挺秀，繁花满树，含苞待放，充满生机活力。

1927 年建立德化第一个中共党组织

1927 年 1 月，在浔中丁墘建立中共党组织——中共德化支部委员会，庄醒民任书记，隶属中共特别支部，是福建泉州地区最早建立的中共党组织之一，是德化第一个中共党组织。中共地下党组织在浔中的丁墘、墨苑、鹏湖、小溪、官路下等乡村组织农民协会，并在瓷工中组织“觉民社”，在城隍庙创办农民夜校，反对贪官污吏、苛捐杂税，宣传减租减息；组织发动县城附近农民、学生、居民1000多人在城关举行示威游行，反对民国政府摊派烟苗捐，浔中地区的土坂、仙荣和三班、盖德等附近乡村的农民先后响应，并开展减租、抗租斗争。

发掘古窑址

1958年，在浔中公社的丁溪村发现云尾山、牛尾寨、驷埔山等3处古窑址，采集到新石器时代的石锛、印纹陶片和釉陶片。德化古窑址普查时，又在浔中墙坪山、太平宫等古窑址采集到唐代、五代的陶瓷标本。至1993年年底，德化县已发现古窑址237处，其中浔中镇36处，分布在11个村。这些古窑址，以清代的窑址最多，其次是明代、宋代、元代，其中不少窑炉烧瓷的时间长，几乎贯穿宋元明清时期，达近千年之久。在已发现的古窑址中，有外销瓷器的达70多处，其中西沙群岛发现的宋代青白釉莲花纹碗、青白釉画花平底大碗等，在德化浔中宋代古窑址中均有出土。在西沙群岛还发现德化产品“寿”字纹青花盘、青花碗，“云龙”纹青花碟、青花碗，“云凤”纹青花碗，“牵牛花”纹青花碗等，都是德化窑瓷器大量外销，成为“海上丝绸之路”重要商品的佐证。

引进西洋工艺瓷

1985 年 7 月，德化第五瓷厂厂长温克仁与福建省陶瓷公司等领导到比利时、荷兰、法国等地考察陶瓷市场，历时 25 天，带回一批西洋工艺瓷样品和数百张照片，以及 200 万美元的订单，并立即组织人员研制、生产，并成功出口，开德化引进西洋工艺瓷先河，并向全县陶瓷行业推广，改变了德化瓷延续近千年的生产格局。20 世纪 90 年代中期，德化发展成为全国最大的西洋工艺瓷出口生产基地。温克仁被德化陶瓷界人士称为“西洋工艺瓷之父”。

1992 年浔中镇实施“大城关”发展战略

1992 年，德化县实施“小县大城关”发展战略，浔中镇被列入大城关建设范围，凤池街西门片区列为第一批旧街改造建设试点，涉及拆迁户 14 户，新建房屋 3 幢和套房 44 套、用地面积 8400 平方米、建筑面积 6400 平方米，总投资 560 万元。因群众思想工作做得细，房屋拆迁补偿和新建房安排合理，改造工程顺利进行，为后来城区改造建设提供了切实可行的经验。

1993年举行首届国际陶瓷节

1993年10月5日至6日，首届“中国德化国际陶瓷节”在浔中镇凤池街县体育场举行。该届陶瓷节以“弘扬陶瓷文化，振兴德化经济”为主题，由中共德化县委、县政府主办。国家及省、市党政领导人为陶瓷节题词。国家、省、市党政有关领导出席开幕式。开幕式后，举行具有浓郁地方特色的大型文艺踩街——《瓷都风采》，出现万人空巷的盛况。福建省歌舞剧团为陶瓷节专题创作了《走进瓷的世界》、泉州市梨园剧团和大田县飞车艺术团也到场进行精彩演出，大型焰火、“瓷都潮”书画展、武术表演等都给观众带来高雅、欢乐的艺术享受。其间，还举行中国古陶瓷研究会1993年年会暨德化瓷学术研讨会、福建省陶瓷创新大奖赛等活动。

1993年10月5日至6日，举行首届中国德化国际陶瓷节

1997 年浔中镇行政区划调整

1997 年 6 月 2 日，福建省民政厅同意龙浔、浔中两镇行政区划调整。原浔中镇辖区的宝美、丁溪、丁墘、大坂、英山、高阳 6 个村划归龙浔镇，原龙浔镇辖区的凤池、富东 2 个居委会划归浔中镇。行政区划调整后，浔中镇土地面积减少 33.9%，人口减少 33.2%，工农业总产值减少 36%。浔中镇党委、镇政府从大局出发，做好区划调整各项工作，确保调整顺利进行。面对行政区划调整后出现的新情况、新问题，浔中镇党委、镇政府审时度势，抓住县委、县政府扶持高新技术产业、加快“大城关”建设的机遇，引进人才和技术，采取“五统一”措施，推进企业技术创新和产业升级，开发建设工业园区。2000 年，全镇经济总量和社会事业各项指标均超过行政区划调整前的水平。

1999 年运载德化窑瓷器的古沉船“泰兴号”打捞出水面

据英国史料记载，1822 年农历一月，英国“泰兴号”轮船从福建厦门港起航，驶往印度尼西亚爪哇岛。该船长 50 米、宽 10 米，载有近 2000 名乘客和德化窑瓷器等货物 1000 多吨。船驶至南海的贝尔威得时，触及暗礁沉没。1999 年 5 月，由迈克·哈彻领队的澳大利亚水下打捞公司发现该船并组织打捞，出水了 35 多万件陶瓷器等。其中以

“泰兴号”出水的德化部分古瓷

德化窑青花瓷数量最多，主要有杯、盘、碟、罐、碗、瓶、人物瓷塑等。2011 年 11 月 17 日，这些瓷器在德国的斯图加特城内戈尔拍卖行拍卖，总成交额 2240 万马克。德化县政府在拍卖现场购回 72 件，收藏于德化陶瓷博物馆。2002 年，台湾某人士向该馆捐赠了“泰兴号”上出水的 236 件德化窑瓷器。

2011 年三峡库区移民举行庆祝“移民落户”活动

2011 年 8 月 23 日，德化三峡库区移民自发组织“庆祝移民落户德化第一批十周年、第二批七周年”民俗踩街活动。庆祝队伍从浔中村三峡移民居住区——南雁新村出发，经诗敦路、富东街，到德化县政府前面的滨溪公园广场，彩旗飘扬、锣鼓喧天，有舞狮、旱船、吹箫等民俗节目表演，展示三峡移民在党和政府的领导下，与当地居民和谐相处、共同发展的美好局面和欢乐心情。

2011 年国宝瓷器首次回故里

2011 年 10 月 30 日，25 件故宫博物院藏德化窑瓷器精品首次回故里——德化，在位于浔中镇境内的德化陶瓷博物馆展出。故宫博物院收藏德化窑瓷器 700 多件，其中明代德化窑瓷器 200 多件。20 世纪 50 年代，故宫博物院建立陶瓷陈列专馆，开有明代德化窑瓷器陈列专柜，展出德化窑何朝宗款观音像、达摩立像等文物。

11 月 2 日至 4 日，“2011 中国瓷都 · 德化窑学术研讨会”在德化举行。研讨会由故宫博物院、中国古陶瓷学会、福建省文物局、德化县人民政府共同举办，包括德化窑学术研讨、博物馆馆长论坛，举办故宫博物院德化瓷精品展、德化古窑址标本展、德化窑瓷器民间收藏展，以及考察德化窑和相关企业等。故宫博物院、中国古陶瓷学会、福建省文化厅、福建省文物局和泉州市、德化县政府等有关负责人，以及英国、德国、法国、韩国等国家藏有德化窑瓷器的博物馆馆长、陶瓷文化学者、研究专家共 70 多人参加研讨活动。

故宫博物院德化窑瓷器精品展持续至 11 月 15 日。其间，许多市民纷纷前往德化陶瓷博物馆一睹国宝的风采。

主要参考文献

德化县地名办公室编:《瓷都德化》，厦门大学出版社，1989年。
德化县志编纂委员会编:《德化县志》，新华出版社，1992年。
德化县地方志编纂委员会编:《德化陶瓷志》，方志出版社，2004年。
德化县地方志编纂委员会编:《德化年鉴（2008）》，福建省音像出版社，2009年。
德化县地方志编纂委员会编:《德化年鉴（2009）》，福建省音像出版社，2010年。
德化县地方志编纂委员会编:《德化年鉴（2013）》，鹭江出版社，2015年。
德化县地方志编纂委员会编:《德化年鉴（2014）》，海峡书局，2016年。
德化县地方志编纂委员会编:《德化年鉴（2015）》，海峡书局，2015年。

编纂始末

2007年，德化县按照福建省、泉州市地方志编纂委员会的部署，启动编纂《德化县志（1988—2007）》。2008年，在德化县地方志编纂委员会办公室的推动下，浔中镇党委、镇政府组织人员启动编纂《浔中镇志》，历时三年八个月，全书约80万字，2011年12月底正式印刷出版。

2015年，欣悉中国地方志指导小组办公室（以下简称中指办）已启动编纂中国名镇志文化工程。在福建省、泉州市以及德化县方志部门的推荐、指导下，浔中镇党委、镇政府在2011年版《浔中镇志》的基础上，根据国家、省、市、县方志部门的要求，组织编纂新的《浔中镇志》，并申报中国名镇志丛书。

浔中镇历史悠久，历来是德化县政治、经济和文化中心，是德化县经济社会事业发展历史和现状的缩影。编纂新的《浔中镇志》是一项全新的文化工程，与原《浔中镇志》比较，不管是纲目的设计编排，还是内容的采集、选编等都明显不同。既不是原志的改写，也不是原志的简单提升，在结构和篇幅上都要服从中国名镇志文化工程的要求，内容上要立足并突出浔中镇的“名”与“特”。需要重起炉灶，转换思维，摸着石头过河，一步一个脚印，边学习，边编纂。在编纂过程中，得到中指办的热情关心、大力支持和帮助。在每一次申报过程中，福建省、泉州市和德化县方志部门的领导及相关负责同志都非常关心，认真审阅稿件并及时上报，为《中国名镇志丛书·浔中镇志》的编辑出版做了大量工作，在此谨致以诚挚的感谢！

浔中镇党委、镇政府在推进经济社会各项事业发展的过程中，历来十分关心文化建设，对《中国名镇志丛书·浔中镇志》的编纂，高度重视，列入重要工作议事日程；精心部署，先后两次召开镇、村两级干部会议，党政主要领导上阵动员、布置，分管领导认真抓好人员选聘、资料收集等各项具体工作。全镇广大干部、群众同心协力，建言献策，提供资料。编纂人员集思广益、扬长避短，去粗取精、去伪存真，孜孜不懈、辛勤笔耕。根据方志部门领导、专家、学者的意见多次调整纲目，反复补充修改，历时三年多。与第一次修志比较，志书篇幅仅有原来的三分之一，但耗费的时间，尤其是付出的精力并不少。三年多来，多次走访在浔中镇工作过的老领导、老同志，走访陶瓷界工艺美术大师，以及陶瓷企业界一些知名人士，得到他们热情的支持和帮助。他们有的还不惜提供自己珍藏多年的资料、照片，对历史上一些瓷雕作品提出自己独到的见解，对志书编纂帮助很大。在此，谨向参与这次编纂工作的同志表示衷心的谢意！

本志记载了唐代以来至2014年年底，浔中镇发展的历史和现状，力求向世人展示浔中镇的独特风貌，在后人承先启后、继往开来的历史进程中发挥积极的作用。但是由于时间跨度大，行政区划变动频繁；编纂时间短，人手少，工作量大；再加上中国名镇志文化工程质量要求高，编纂规范严格，对编者又是一项全新的工作，编纂人员水平有限，因此志书中错漏之处在所难免，敬请方志部门的领导、专家，以及社会各界人士批评指正。

编　者

2018年7月